HF450417

Dirigida por Julián Gallego

Edición: Primera. Febrero 2023

Lugar de impresión: Buenos Aires, Argentina / Barcelona, España
Ilustración de portada: Bible de Vivien, dite Première Bible de Charles le Chauve
Présentation du livre à l'empereur, Saint-Martin de Tours, 845
BnF, Manuscrits, Latin 1 fol. 423

ISBN: 978-84-18929-97-7
Depósito legal: M-3548-2023

IBIC: HBLC1 [Historia medieval]
Thema: NHDJ [Historia europea: período medieval, Edad Media]
Bisac: HIS037010 [Historia / Medieval]

© 2023, Miño y Dávila srl / Miño y Dávila editores sl

Armado y composición: Eduardo Rosende
Diseño: Gerardo Miño

Página web: www.minoydavila.com

E-Mail: administracion@minoydavila.com
Dirección: Tacuarí 540 (C1071AAL), Buenos Aires.

Fernando Ruchesi (ed.)

COHESIÓN SOCIAL Y TRANSFORMACIONES IDENTITARIAS EN LA EDAD MEDIA

Bárbara García Contrera

Fernando Ruchesi

Héctor Francisco

Victoria Casamiquela Gerhold

Emilio Nicolás Antonio Vallejos Zacarías

Vinicius Cesar Dreger de Araujo

Francesco Borri

Índice general

Introducción

Fernando Ruchesi

Departament Història – Universitat de Lleida

Departamento de Historia – Universidad Nacional del Nordeste

Instituto de Investigaciones Geohistóricas (CONICET/UNNE)

El *Liber Historiae Francorum* –obra compuesta en el primer cuarto del siglo VIII– describe que el rey Clotario II (613-629) acudió en ayuda de su hijo Dagoberto, en el contexto de una campaña militar organizada para enfrentar al *dux* sajón Bertoaldo. El autor anónimo caracteriza a Clotario como un guerrero experimentado, ataviado con su armadura, y portando yelmo y cabello largo con canas. El texto señala que, en el enfrentamiento, Clotario debió atravesar un pantano pero, pese a ello, "el rey cargó contra Bertoaldo otra vez, matándolo y sosteniendo su cabeza sobre su lanza. Entonces, él regresó a los francos. Aquellos que no sabían que el rey estaba a salvo, estuvieron tristes hasta que lo vieron y se regocijaron con gran alegría".[1] La imagen del soberano victorioso, cargando con la cabeza de su enemigo, formaba parte de un ritual que moldeaba la cohesión entre sus subalternos, más allá de la aberración que pueda generarnos esta descripción en la época en que vivimos. A partir de este tipo de rituales, performances y decisiones, los gobernantes y los círculos asociados a ellos construían o imponían cohesión.

En otras ocasiones, dicha cohesión se producía no como resultado de una orden impuesta por parte de la autoridad, sino a partir de la unión de individuos que pertenecían a un mismo grupo social. El enfrentamiento

---

1. "Rex quoque illuc stans, urica indutus, galea in capite crines cum canicie variatas obvolutas. Cumque discopertus a galea apparuisset caut regis, cognovit eum Bertoaldus (…) Rex… Wisra fluvium ingressus cum equo velocissimo, transnatavit. Fero ut erat corde, Bertoaldum persequebatur, Francorumque exercitus sequenter regem natantes (…) Erantque manus regis valde graves; erat enim rex luricatus. Consurgensque rex super eum et interficit ipso Bertoaldo sustullitque caput eius in conto reversusque est ad Francos. Illisque lugentibus, –nesciebant, quid regi contigisset,– viso eo, gavisi sunt gaudio magno". *Liber Historiae Francorum*, 41. La referencia pertenece a la edición de Krusch, 1888.

entre los reyes francos Gontrán (561-592) de Burgundia y Childeberto II de Austrasia (575-596) por el dominio completo de la Galia, descrito en los *Decem Libri* de Gregorio de Tours, nos provee de un ejemplo para este caso. Se trata del amotinamiento de los soldados que estaban al mando de Childeberto, quienes no deseaban seguir combatiendo. Por ello, nos dice el obispo de Tours, se unieron y comenzaron a pedir, a los gritos, que el rey detuviese la guerra y que se deshiciese de su consejero, el obispo Egidio. Los guerreros tomaron las armas, a fin de dar muerte al prelado y a otros asesores del rey soberano. Egidio logró huir en su caballo y, aparentemente, el monarca tomó la decisión de detener la guerra.[2] De manera similar, un grupo de combatientes al mando de Teoderico II (587-613) de Burgundia se reunió y pidió al soberano que abandonase la contienda contra su hermano, Teodeberto II (595-612) de Austrasia, puesto que los subalternos no deseaban luchar contra los austrasianos. El episodio finaliza con el asesinato de Protadio –consejero principal de Teoderico II–, por parte de los mencionados guerreros.[3]

Como podemos apreciar, algunas de las fuentes narrativas del período presentan episodios en los que identificamos cuestiones vinculadas con la cohesión de estos grupos. Junto con la identidad, se trata de los dos aspectos que motivan el desarrollo de este volumen colectivo. En las páginas que siguen, intentaremos abordar los modos en que estas categorías funcionaban en el período mencionado y cómo eran entendidas por los autores de la época. De tal manera, nos proponemos caracterizar los procesos de construcción de cohesión social y la influencia que tuvieron en los cambios políticos, sociales y culturales acaecidos en la Antigüedad tardía y la Edad Media, tanto en Europa Occidental como en Bizancio y el Oriente Próximo. Para ello, intentaremos dar respuesta a los siguientes interrogantes: ¿cómo construían cohesión los grupos gobernantes?, ¿cómo lo hacían aquellos que no pertenecían a los sectores de poder?, las identidades y sus aspectos relacionados ¿tenían relación con la construcción de cohesión? En tal caso, ¿cómo influían estos factores en dichos procesos?, ¿y cómo eran caracterizados en las fuentes del período?

* * *

---

2   Gregorio de Tours, *Decem Libri Historiarum*, VI.31. Las referencias pertenecen a la edición de Krusch, 1951.

3   *Crónica de Fredegario*, IV.27. Para esta obra, sigo la edición de Krusch, 1888.

        Fernando Ruchesi (ed.)

La noción de *social cohesion*, proveniente de los campos de la Sociología instrumental y de la Antropología, puede proporcionarnos las herramientas necesarias para analizar los cambios socio-culturales y políticos que experimentó la transición entre el mundo antiguo y el mundo medieval, arrojando luz a otros interrogantes vinculados con estas etapas históricas. Emile Durkheim ya había abordado, en cierta medida, las nociones básicas que caracterizan a este concepto. Con el rótulo de *conciencia colectiva*, el sociólogo francés describía la solidaridad que se generaba entre personas que eran similares, en dos aspectos principales: lo material (trabajo, vivienda y alimentación similar) y lo inmaterial (creencias, moralidad y sentimientos similares) (Durkheim y Coser, 1984: 219). Durkheim consideraba que las sociedades pre-modernas estaban dotadas de un alto grado de conciencia colectiva, que a su vez contaba con fuertes bases religiosas (Durkheim y Fields, 1995: 421-422). Se trataba de contextos en los que cualquier desviación de dichas normas suponía una transgresión religiosa. Así, las similitudes no-materiales eran mantenidas, en estas comunidades, a partir de normas sobre lo correcto e incorrecto. A ello se añadía un seguimiento constante, en relación al cumplimiento de tales normas, por parte de las autoridades.

Entre autores contemporáneos que trabajan con esta noción, Albrekt Christian Larsen define la *social cohesion* como la convicción que tienen los miembros de un Estado de que son parte de una comunidad moral, lo que les posibilita confiar unos en otros. Para este investigador, lo más importante no tiene que ver con que los integrantes de una comunidad participen en valores, religión u otras ideas sino, más bien, su creencia de que comparten la norma de que no deben engañarse entre sí (Larsen, 2013: 3, 11). Jan Delhey proporciona una definición similar: la cohesión social es el grado por el cual se hace manifiesta una "sensación de unión, solidaridad o compañerismo" (*a sense of togetherness*) en la colectividad de un pueblo, del cual la confianza es un componente esencial (Delhey, 2018: 427). Tim Reeskens señala, citando a P. Bernard, que este concepto es multi-dimensional. Por ello toma, en primer lugar, la definición elaborada por el Consejo Europeo:

> (…) la cohesión social es la habilidad de una sociedad moderna de asegurar el bienestar, a largo plazo, de todos sus miembros, incluyendo el acceso equitativo a recursos disponibles, el respeto a la dignidad humana en relación a la diversidad, la autonomía personal y colectiva y la participación responsable. (Reeskens, 2007: 2-3).

Asimismo, al mencionar las últimas contribuciones académicas sobre esta noción, Reeskens destaca la dimensión cultural del concepto, presente especialmente en el trabajo de Jenson y Kearns: las sociedades que cuentan con una cohesión elevada son aquellas cuyos miembros comparten valores comunes y normas y reglas pertenecientes a una unidad geográfica determinada.

Por su parte, Nils Weidmann y Christoph Zürcher se abocaron en estudiar los modos en los que el conflicto y las actividades bélicas pueden influir en la cohesión social en pequeñas comunidades. En su estudio "How WarTime Violence affects Social Cohesion: The Spatial-Temporal Gravity Model", abordaron estudios realizados en poblados pequeños y comunidades afectadas por conflictos bélicos en el norte de Afganistán. Los autores concluyeron que, ante un contexto bélico, existen dos posibilidades: la primera de ellas es el reforzamiento de la cohesión interna de un grupo a través del contacto con otro conjunto hostil. La segunda tiene que ver con la erosión de aquello que vincula a los miembros de una comunidad, debido a los cambios de fidelidad que normalmente ocurren en regiones que se encuentran en conflicto. Con ello, se producen nuevas lealtades y divisiones al nivel local (Weidmann y Zürcher, 2013: 3-5).

Finalmente, otro investigador que trabajó con la noción de *social cohesion* es Dick Stanley, quien la define como la *voluntad* de la gente en una sociedad para cooperar entre sí, en la diversidad de iniciativas colectivas que los miembros de una comunidad deben llevar a cabo para sobrevivir y prosperar. Entonces, para Stanley, una sociedad socialmente colectiva sería aquella en la que su población cuente con suficiente cohesión social como para sostener ese complejo juego de relaciones sociales más allá, al menos, de la esperanza de vida de los individuos de esa población (Stanley, 2003: 7-9).

En el ámbito de los estudios históricos, la corriente historiográfica de la Escuela de Viena fue una de las primeras en aplicar este concepto al estudio de las comunidades de la Antigüedad tardía y de la Temprana Edad Media. De tal manera, para el representante principal de dicha corriente, Walter Pohl, la cohesión social implicaría la capacidad que poseen las sociedades extensas para superar sus tensiones internas y contradicciones, y encontrar algún tipo de equilibrio que les permitiese desempeñarse. Por lo demás, la cohesión social no significa ausencia de conflicto o contradicciones internas: para Pohl, estos factores son necesarios para el éxito de un grupo en el largo plazo, porque le permite generar respuestas creativas contra las contingencias y las circunstancias cambiantes. El historiador indica que existen varios mecanismos que pueden contribuir a fomentar la integración de una comunidad o sociedad heterogénea. Esta integración puede ser el resultado de intereses comunes mantenidos por una mayoría o por élites poderosas. Puede ser alcanzado por mecanismos institucionales, tales como un gobierno exitoso, la administración burocrática o la participación regulada. Los valores e identidades compartidos pueden tener un efecto cohesivo, especialmente en una comunidad que se encuentra bajo presión por factores externos. Un perfil cultural común, por ejemplo, es esencial para la integración a largo plazo que va más allá de la "cohesión por tareas", de carácter temporal. Dicho perfil estaría influenciado por elementos como el lenguaje, creencias, símbolos, rituales y memorias sociales compartidas. Finalmente, Pohl añade que un buen indicador del grado de cohesión en una sociedad es, ciertamente, la frecuencia e inclusión de la comunicación e interacción, y la cantidad de flujos culturales dirigidos al interior de la comunidad local (Pohl, 2018: 23-24).

Los estudios sobre la cuestión identitaria en la Antigüedad tardía y la Edad Media –el otro punto conceptual de este volumen colectivo– experimentaron un auge en las últimas décadas. Sin embargo, no podemos dejar de mencionar las contribuciones de Reinhard Wenskus en su clásico *Stammesbildung und Verfassung*, puesto que representan la renovación de mediados del siglo XX sobre esta problemática. En ese trabajo, publicado en 1961, Wenskus propuso el carácter político –en lugar de biológico– para explicar el surgimiento de los pueblos que participaron en el período de las grandes migraciones y que influenciaron las transformaciones políticas, económicas y sociales que experimentó el Imperio romano de Occidente desde finales del siglo IV. En palabras de Wenskus, se trataba de pequeños grupos aristocráticos que conservaban el llamado *Traditionskern*: conjunto de tradiciones orales, creencias y valores compartidos de ese pueblo, que otorgaban legitimidad al grupo gobernante. En sus migraciones, estos contingentes fueron cooptando seguidores a través de conquistas o por el simple hecho de que los conjuntos que entraban en contacto con los grupos que migraban deseaban formar parte de la historia de un grupo más prestigioso. Wenskus participó de una renovación historiográfica en torno a estas problemáticas, puesto que presentó a estas sociedades con un carácter jerárquico. Esto supuso un cambio en cuanto a la concepción decimonónica que se tenía en la historiografía alemana sobre estos pueblos, en la que se resaltaba el carácter igualitario y libre de estas sociedades (Ruchesi, 2012: 247-248).

El discípulo de Wenskus, Herwig Wolfram, amplió estas ideas indicando los tres elementos que formaban parte de la creación de un núcleo de tradición: la construcción de un enemigo común, el llevar a cabo una gesta importante para la historia de ese pueblo, y el cambio de culto. Asimismo, Wolfram realizó una clasificación de los distintos tipos de etnogénesis, de acuerdo con la historia de cada pueblo que participó en este proceso de las migraciones.

Como se puede apreciar, las contribuciones de estos historiadores dejaron de lado el criterio biológico para describir los orígenes de estas comunidades. A partir de ese entonces, situaron dichos orígenes en la construcción y manipulación de las identidades, procesos en los que las tradiciones orales tuvieron un papel muy importante. De tal manera, los aportes de Fredrik Barth fueron fundamentales en esta renovación. Éste sostiene que un individuo puede cambiar sus adscripciones identitarias de acuerdo a sus intereses particulares (Barth, 1969: 22-24). Como resultado, los estudios realizados sobre estos pueblos señalaron que varios de los textos que narraban sus orígenes pasaron a ser considerados como portadores de un fuerte contenido ideológico (Pohl, 2002: 223).

Otros trabajos que parten de la misma línea fueron realizados por el mencionado Walter Pohl. Entre sus aportes se destacan textos como *Die Awaren. Ein Steppenvolk in Mitteleuropa 567-822*, en el que buscó aplicar el modelo de *etnogénesis* al estudio de los pueblos esteparios (Pohl, 1988 y 2018). Podemos mencionar, asimismo, su artículo "Telling the Difference: Signs of Ethnic Identity", en el que realiza un análisis y descripción de los términos empleados por los escritores de la Antigüedad tardía para describir y "catalogar" a los pueblos bárbaros. A partir del estudio de dichos criterios (idioma, vestimenta, armas, estilos de peinado), Pohl concluyó que construir una clasificación de estas comunidades en torno a tales preceptos es una tarea prácticamente imposible, a causa de las transformaciones culturales que estas entidades políticas experimentaron, tanto a través del contacto con el Imperio romano como con otros grupos no romanos (Pohl, 1998: 67). Y finalmente, es preciso mencionar también su respuesta en el volumen *On Barbarian Identity*, editado por Andrew Gillett (2002), en la que estima que, en algunos casos, términos *umbrella* como "godo", podían llegar a ser utilizados por estos pueblos como autodesignación. Asimismo, Pohl toma en consideración el material pre-etnográfico: conjunto de nombres que no se repiten en numerosas fuentes, como *Oium, Gepedoios, Gloaida, ansis, haliurunnae*, entre otros. Se trata de evidencia oral que se habría filtrado y halló su camino hacia los relatos que llegaron hasta nosotros, lo que nos indica que existían tensiones que evidencian las negociaciones en torno a la construcción de identidad. Estas tradiciones orales constituirían una parte importante –pero no completamente esencial– en los procesos étnicos que sirvieron de base para la construcción de identidad que llevaron a cabo los pueblos bárbaros al instalarse en los territorios romanos de Occidente (Pohl, 2002: 229-233).

Por lo demás, la problemática de las identidades también fue abordada en otros volúmenes colectivos. En este sentido, podemos citar la obra *Fifth Century Gaul: A Crisis of Identity?*, publicada en 1992 y editada por John F. Drinkwater y Hugh Elton, compilación de actas de la conferencia realizada en Sheffield, en 1989 (Wood, 2016: 20). Los trabajos abordan tópicos relacionados con la fragmentación del Estado romano en la Galia y la manera en que los habitantes de ese territorio reaccionaron a estos cambios, adaptándose a ellos pero conservando sus rasgos culturales. En suma, el texto se centra en los procesos sociales, económicos, culturales e ideológicos por los que atravesó la región durante el siglo V (Drinkwater y Elton, 1992: 2).

Habría que mencionar en este apartado los ejemplares de la serie *The Transformation of the Roman World*, resultado del proyecto de la European Science Foundation que llevó el mismo nombre, desarrollado en la década de los años noventa y comienzos de la siguiente. Uno de los objetivos de ese proyecto fue el de traspasar las barreras intelectuales propias de los Estados europeos en torno a las tradiciones historiográficas sobre los orígenes tardo antiguos de dichos Estados (Pohl, 1997: IX-X). Entre los volúmenes, podemos citar, por ejemplo, *Kingdoms of the Empire* (Pohl, 1997); *Strategies of Distinction. The Construction of Ethnic Communities, 300-800* (Pohl y Reimitz, 1998); *The Transformation of Frontiers* (Pohl, Wood y Reimitz 2001); *The Construction of Communities in the Early Middle Ages* (Corradini, Diesenberger y Reimitz, 2003); *Regna and Gentes* (Goetz, Jarnut y Pohl, 2003).

De manera similar, otros textos colectivos que abarcan la problemática de la etnicidad entre los pueblos bárbaros son los que resultaron de las conferencias realizadas en el San Marino Center for Interdisciplinary Research on Social Stress (CIROSS), organizadas como parte de un proyecto dirigido por el antropólogo Giorgio Ausenda (Wood, 2016: 20-21). En estos eventos se buscaba presentar contribuciones de enfoque etnográfico en relación a las diversas *gentes* de la Antigüedad tardía. De esta forma, podríamos citar los tomos correspondientes a los visigodos (Heather, 1999), a los francos y alamanes (Wood, 1998) y el destinado a los lombardos (Ausenda, Delogu y Wickham, 2009).

Finalmente, creemos oportuno citar la obra colectiva *Post-Roman Transitions. Christian and Barbarian Identities in the Early Medieval West* (2013), editada por Walter Pohl y Gerda Heydemann. El volumen presenta diversas contribuciones en torno a las problemáticas de etnicidad e identidad, tanto desde perspectivas historiográficas como arqueológicas, haciendo énfasis en los últimos aportes y debates en torno a estas problemáticas.

Desde nuestra perspectiva, los procesos de construcción de cohesión social estuvieron vinculados a la manipulación de identidades y a la construcción ideológica llevada a cabo por las aristocracias gobernantes. En estos procesos de cohesión, hubo otros factores que ejercieron una influencia importante, entre ellos, el recurso a la violencia; la creación de antagonistas y rivales comunes; elementos económicos que podían propiciar alianzas o uniones al interior de cada comunidad; factores de ideología religiosa que podían fomentar uniones o segregaciones en el seno de tales comunidades y, finalmente, el papel de las tradiciones grecolatina y cristiana.

En suma, el texto ofrece los resultados de una investigación enmarcada en el contexto de la Transformación del Mundo Romano, en el período comprendido entre los siglos VI y X. Se trata de una etapa que se caracterizó por la construcción de los primeros reinos post-romanos y, además, por la llegada de nuevos agentes que se vincularon a estas entidades políticas, como es el caso de los moros en España, de los bizantinos y luego lombardos, en la Italia ostrogoda, de los ávaros y magiares en los bordes orientales del Occidente franco, y de la consolidación de la dinastía carolingia.

* * *

A partir de las premisas expuestas con anterioridad, la primera contribución de este volumen colectivo se titula "La cohesión social como base de la legitimidad en el reino ostrogodo de Teodorico (493-526)".

     Fernando Ruchesi (ed.)

En ella, Bárbara García Contrera analiza la construcción de cohesión social y manipulación de identidades en la península itálica durante el reino ostrogodo (493-553). Para ello, recurre a fuentes compuestas en Italia durante este período, principalmente, el *Panegírico a Teodorico*, de Enodio de Pavia. García Contrera coteja, asimismo las *Variae* (compilación de correspondencia oficial llevada a cabo por el senador Magno Aurelio Casiodoro) y la *Pars posterior* del Anónimo Valesiano. La autora complementa esta información con aquella perteneciente a fuentes legales, en este caso, el *Edicto* de Teodorico. La historiadora concluye que las medidas adoptadas por el rey ostrogodo pueden ser consideradas como parte de sus *estrategias de dominación*, concepto acuñado por Max Weber. En el reino ostrogodo, estas estrategias formaron parte de un todo integral cuyo objetivo era la legitimación de la dominación, y la construcción de cohesión social en la península, a fin de integrar a los guerreros godos del contingente del soberano a la población de Italia.

A continuación, el desarrollo de los procesos de cohesión social y construcción identitaria en los reinos merovingios es abordado en el trabajo de Fernando Ruchesi. Para ello, el autor hace énfasis en la caracterización y el funcionamiento de las aristocracias laicas y guerreras, junto con sus séquitos. De tal manera, a partir del análisis de fuentes historiográficas y legales, Ruchesi indica que existían distintos tipos de cohesión y que, de hecho, podía generarse cohesión entre pares, en determinadas circunstancias. En estos procesos, elementos como los rituales y performances adquirían gran relevancia y ayudaban a cimentar la citada cohesión, puesto que en esos contextos se hacía manifiesto el simbolismo de dichos rituales, simbolismo que señalaba la existencia de una identidad guerrera compartida al interior de estos contingentes.

Desde un marco geográfico diferente, la contribución de Héctor Francisco tiene como objeto la problemática de la identidad cristiana en el Irán tardo-antiguo. Con este objetivo, Francisco recurre principalmente a fuentes hagiográficas cristianas en idioma siríaco (del conjunto de narrativas conocido como *Hechos de los mártires persas*), a fin de caracterizar los lazos familiares y la identidad cristiana. El autor sugiere, entonces, que el mensaje de estos textos era básicamente pedagógico y que, más allá de que presentasen una imagen en la que los cristianos vivían en un contexto adverso, no llegan a ocultar el hecho de que, para el momento en que estas narrativas fueron compuestas, las élites cristianas ya se encontraban integradas en el entramado social del imperio.

El trabajo de Victoria Casamiquela Gerhold gira en torno a la caracterización que ofrecen las fuentes sobre la basílica situada en el *Martyrion*,
un complejo religioso situado en Jerusalén y atribuido al emperador
Constantino I. La historiadora señala que, si bien la basílica también era
conocida como *Martyrion*, el edificio fue llamado con otros nombres con
el paso del tiempo, entre ellos, "la basílica de San Constantino", desde el
siglo VIII. Se trató de un cambio de relevancia, puesto que nos permite
inferir que Constantino ya era considerado como santo patrono de la
Iglesia. De tal manera, Casamiquela se concentra en las transformaciones
acaecidas en esta transición, recurriendo a una gran variedad de fuentes
diversas, como los textos de Ambrosio de Milán, la *Vita Constantini*, de
Eusebio de Cesarea, las historias eclesiásticas de Sócrates y Sozomeno e,
incluso, textos que fueron compuestos en el Occidente medieval como
aquellos de los *peregrini*.

Por su parte, Nicolás Vallejos Zacarías se propone analizar la integración de los grupos eslavos en el Imperio romano de Oriente. Para
Vallejos, dicha integración se enmarcó en un conjunto de procesos
heterogéneos que estuvieron caracterizados, a su vez, por cambios que
tuvieron lugar en el Estado y la sociedad romano-bizantina. A fin de
analizar estos procesos, el autor recurre al análisis de fuentes narrativas
como la *Crónica*, de Teófanes y los *Milagros de San Demetrio* y la *Historia
de las Guerras*, de Procopio. Coteja, asimismo, otro tipo de documentación como *De Administrando Imperio* o el *Strategikon*. Como resultado,
Vallejos Zacarías destaca los distintos tipos de integración de los eslavos
en el aparato estatal temprano bizantino, siendo uno de ellos su incorporación en el ejército bizantino (como el caso de los arcontes eslavos).

La contribución de Vinicius Cesar Dreger de Araujo también gira en
torno a la cuestión de la integración, en este caso, de los grupos sajones
en relación al Imperio carolingio y a los otónidas, y la construcción de
su identidad. De este modo, partiendo del análisis de obras tales como
la *Vita Karoli*, de Einardo, la *Translatio S. Alexandri*, de Rudolf de Fulda
y la *Res Gestae*, de Widukind de Corvey, Dreger de Araujo aborda los
procesos de resignificación que hicieron estos autores en relación a los
sajones continentales y su historia en los siglos VI al VIII.

En la contribución que da cierre a este volumen, "Máscaras, cadáveres
y otras cosas preciosas: dos reflexiones sobre el paganismo medieval",
Francesco Borri hace hincapié en los distintos modos de interpretación
con que contamos, en la actualidad, para el estudio del paganismo en

　　　　　　　　　　　　　　　　　　　Fernando Ruchesi (ed.)

la Edad Media. El historiador se concentra en dos casos particulares: las máscaras y las momias del pantano y vincula a estos elementos con otros hallazgos arqueológicos de distintas partes de Europa, y con el análisis de fuentes narrativas y documentales. Con ello, Borri da cuenta de las continuidades existentes en rituales y otras prácticas consideradas "paganas", contando muchas de ellas con orígenes romanos.

* * *

En suma, consideramos que los lectores de esta obra, ya sean aquellos que forman parte del ámbito académico como del público en general, se beneficiarán de las contribuciones aquí presentadas. Así, solo restan palabras de agradecimiento para el Fondo para la Investigación Científica y Tecnológica y la Agencia Nacional de Promoción Científica y Tecnológica, cuyo financiamiento nos permitió llevar a cabo las investigaciones que formaron parte del Proyecto de Joven Investigador 2017-0182 "Cohesión Social y Transformaciones Identitarias: El Occidente Postromano y Bizancio (Siglos VI-VIII)", que hemos dirigido. Asimismo, extendemos nuestra gratitud a las autoridades de la Universidad Nacional del Nordeste: a la decana de la Facultad de Humanidades, Prof. Graciela Guarino, a los Profesores Aldo Lineras y Analía García, y a la Secretaria de Ciencia y Técnica de la UNNE, Dra. María Silvia Leoni, por habernos permitido desarrollar este proyecto en dicha facultad. Por otra parte, nuestro reconocimiento a la Directora del Instituto de Investigaciones Geohistóricas (CONICET/UNNE), Dra. María Laura Salinas, por la ayuda recibida y su permiso, asimismo, para llevar a cabo las actividades de este proyecto en esa institución.

También es preciso expresar aquí nuestro agradecimiento para aquellos amigos y colegas sin los cuales no habría sido posible llevar a buen puerto esta empresa: a los Dres. Ariel Guiance y Mariana Giordano, por los consejos y observaciones recibidos a lo largo del proyecto; a los Dres. Dolores Castro, Daniel Panateri y Rodrigo Laham Cohen, asimismo, por la ayuda y recomendaciones brindadas. Tampoco podemos dejar de mencionar aquí a Lorena Vega de la Secretaría General de Ciencia y Técnica de la UNNE, cuya asistencia nos permitió avanzar de manera satisfactoria en el desarrollo de este proyecto y en la publicación del presente volumen. Por último, va nuestro reconocimiento para el personal del Instituto de

Investigaciones Geohistóricas (CONICET/UNNE), igualmente, por el apoyo y acompañamiento recibidos durante este proceso.

Bibliografía

Fuentes

Krusch, B. (ed.) (1951), "Gregorius Turonensis. Decem Libri Historiae", en Krusch, B. y Levison, W. (eds.) *Gregorii Episcopi Turonensis Historiarum Libri X*, MGH, SRM T I, P I. Hannover: Impensis Bibliopolii Hahniani.

Krusch, B. (ed.) (1888), "Liber Historiae Francorum", en *Fredegarii et aliorum chronica. Vitae Sanctorum*, MGH, SRM T 2. Hannover: Impensis Bibliopolii Hahniani.

Bibliografía específica

Ausenda, G., Delogu, P. y Wickham, C. (eds.) (2009), *The Langobards before the Frankish Conquest. An Ethnographic Perspective*. Woodbridge: Boydell Press.

Barth, F. (ed.) (1969), *Ethnic Groups and Boundaries. The Social Organization of Culture Difference*. Boston: Little, Brown and Company.

Corradini, R., Diesenberger, M. y Reimitz, H. (eds.) (2003), *The Construction of Communities in the Early Middle Ages. Texts, Resources and Artefacts*. Leiden: Brill.

Delhey, J. (2018), "Social Cohesion and its Correlates: A Comparison of Western and Asian Societies", *Comparative Sociology*, 17, pp. 426-455.

Drinkwater, J. y Elton, H. (eds.) (1992), *Fifth-century Gaul: A Crisis of Identity?*. Cambridge: Cambridge University Press.

Durkheim, E. y Coser, L. (ed.) (1984), *The Division of Labour in Society*. W. D. Halls (trad). Londres: MacMillan.

Durkheim, E. y Fields, K. E. (ed. y trad.) (1995), *The Elementary Forms of Religious Life*. Nueva York: The Free Press.

Gillett, A. (ed.) (2002), *On Barbarian Identity. Critical Approaches to Ethnicity in the Early Middle Ages*. Turnhout: Brepols.

Goetz, H., Jarnut, J. y Pohl, W. (eds.) (2003), *Regna and Gentes. The Relationship between Late Antique and Early Medieval Peoples and Kingdoms in the Transformation of the Roman World*. Leiden: Brill.

Heather, P. (ed.) (1999), *The Visigoths. From the Migration Period to the Seventh Century. An Ethnographic Perspective*. Woodbridge: Boydell Press.

Larsen, A. C. (2013), *The Rise & Fall of Social Cohesion: The Construction and Deconstruction of Social Trust in the US, UK, Sweden and Denmark*. Oxford, Oxford University Press.

Pohl, W. (1988), *Die Awaren. Ein Steppenvolk im Mitteleuropa, 567-822 n. Chr.* Beck: Múnich.

Fernando Ruchesi (ed.)

Pohl, W. (2002), "Ethnicity, Theory, and Tradition: A Response", en Guillet, A. (ed.), *On Barbarian Identity. Critical Approaches to Ethnogenesis Theory*. Turnhout: Brepols.

Pohl, W. (ed.) (1997), *Kingdoms of the Empire. The Integration of Barbarians in Late Antiquity*. Leiden: Brill.

Pohl, W. (2018), "Social Cohesion, Breaks, and Transformations in Italy, 535-600", en Balzaretti, R., Barrow, J. y Skinner, P. (eds.), *Italy and Early Medieval Europe. Papers for Chris Wickham*, Oxford: Oxford University Press.

Pohl, W. y Heydemann, G. (eds.) (2013), *Strategies of Identification. Ethnicity and Religion in Early Medieval Europe*. Turnhout: Brepols.

Pohl, W. (1998), "Telling the Difference: Signs of Ethnic Identity", en Pohl, W. y Reimitz, H. (eds.), *Strategies of Distinction. The Construction of Ethnic Communities, 300 – 800*. Leiden: Brill.

Pohl, W. (2018), *The Avars. A Steppe Empire in Central Europe, 567-822*. Ithaca: Cornell University Press.

Pohl, W. (2008), "The Empire and the Lombards: Treaties and Negotiations in the Sixth Century", en Pohl, W., Spinei, C. y Hriban, C., *Eastern Central Europe in the Early Middle Ages: Conflicts, Migrations, and Ethnic Processes*. Bucarest: Editura Academiei Române.

Pohl, W., Wood, I. y Reimitz, H. (eds.) (2001), *The Transformation of Frontiers. From Late Antiquity to the Carolingians*. Leiden: Brill.

Pohl, W., Gantner, C. y Payne, R. (eds.) (2012), *Visions of Community in the Post-Roman World: The West, Byzantium and the Islamic World, 300-1100*. Burlington: Ashgate.

Reeskens, T. (2007), "Defining Social Cohesion in Diverse Societies. How Generalized Trust Relates to Social Cohesion". En línea: https://limo.libis.be/primo-explore/fulldisplay?docid=LIRIAS1860874&context=L&vid=Lirias&search_scope=Lirias&tab=default_tab&fromSitemap=1. Acceso: 19.05.2022.

Ruchesi, F. C. (2012), "Identidad y etnogénesis: Una aproximación a la problemática de los en la Antigüedad tardía", *Temas Medievales* 20, pp. 245-273.

Stanley, D. (2003), "What Do We Know about Social Cohesion: The Research Perspective of the Federal Government's Social Cohesion Research Network", *The Canadian Journal of Sociology*, 28/1, pp. 5-17.

Weidmann, C. y Zürcher, N. (2014), "How Wartime Violence Affects Social Cohesion: The Spatial-Temporal Gravity Model", *Civil Wars*, 15/1, pp. 1-18.

Wenskus, R. (1961), *Stammesbildung und Verfassung. Das Werden der frühmittelalterlichen gentes*. Colonia: Böhlau Verlag.

Wolfram, H. (1990), *History of the Goths*, Thomas J. Dunlap (trans.). Los Angeles: University of California Press.

Wood, I. (ed.) (1998), *Franks and Alamanni in the Merovingian Period. An Ethnograpyhic Perspective*. Woodbridge: Boydell Press.

Wood, I. (2016), "The Transformation of Late Antiquity 1971-2015", *Networks and Neighbours*, Abril 2016, pp. 1-25.

Capítulo I

La cohesión social como base de la legitimidad en el reino ostrogodo de Teodorico (493-526)

Bárbara García Contrera
Universidad Nacional de Córdoba

Introducción

La llegada de la *gens* (Wolfram, 1990) goda al territorio itálico en el año 488, al mando de Teodorico el Grande, y el establecimiento de un nuevo poder político, implicaron la necesidad de una organización territorial mucho más compleja y extensa que la habitual para estos pueblos. El ingreso de este contingente no se produjo en un espacio vacío sino en uno con sus propias dinámicas, protagonistas y situaciones que ya no se correspondían a la del Imperio centralizado. En este panorama, nos encontraremos con diferentes formas de relaciones que se produjeron tanto al interior como al exterior de la península.

Entre los protagonistas destacados del contexto interno, se encuentran las antiguas familias senatoriales que se colocaron en el centro de la escena política cuando la mitad occidental del Imperio romano quedó sin emperador. Al ser una élite cerrada y exclusiva, sus integrantes se consideraban como los únicos capacitados para representar al *imperium romani* (Radki, 2016: 121-146). Esta idea –planteada por Christine Radki– implicó una reconstrucción de este grupo que había perdido su capacidad de ejercicio real del poder a lo largo de los siglos anteriores. Podemos decir que este proceso comenzó con la deposición del último emperador de Occidente, en el año 476, permitiendo a los senadores recuperar su poder y colocarse en una posición de importancia. Este hecho los llevó a negociar el manejo de la política del territorio con los líderes de los grupos bárbaros que ingresaron a la península (Radki, 2016: 132). Ante esta situación, el rey ostrogodo comprendió la necesidad de contar con la colaboración de la élite senatorial para asegurar la estabilidad de la administración económica en la península (Radki,

2016: 134). Con respecto al territorio italiano, debemos afirmar que se conservó la estructura administrativa del Imperio bajo el reinado godo. Sin embargo, esta conservación no se dio de manera igual, sino que fue adaptada a la nueva realidad en la que se encontraba la península. Es decir, aquellas partes que eran efectivas para garantizar la legitimidad y consolidación del monarca se tomaron y reprodujeron (por ejemplo, el sistema impositivo). Aquellos elementos que no eran funcionales fueron modificados, eliminados y, hasta en algunos casos, se crearon otros nuevos. Esto se puede observar de manera clara en la estructura burocrática, ya que muchos de los puestos propios de la burocracia romana comenzaron a concentrarse en una o dos personas de gran confianza de Teodorico. Este fenómeno se atribuye a la falta de recursos o la escasez de ellos por parte de la corona (Bjornlie, 2016: 61-62).

Por otro lado, el monarca también se encontró con el conflicto inevitable que generó la llegada y asentamiento de sus tropas en relación con sus funciones, su mantenimiento y su convivencia con la población de la península. Teodorico presentó al ejército godo con una función primordial de defensa en el nuevo Estado y, por ende, con la responsabilidad para mantener la armonía entre los ciudadanos romanos (Halsall, 2016: 184). Esta imagen referida a la funcionalidad del ejército tenía como objetivo controlar todos aquellos reclamos que se producían, por parte de la población romana, ante ciertos comportamientos de las tropas godas a lo largo del territorio (Halsall, 2016: 134). Sin embargo, era necesaria la resolución de este conflicto como forma de garantizar la legitimidad del nuevo monarca y de su reinado en general.

Con respecto al contexto externo de la península, debemos mencionar que, al momento del establecimiento de Teodorico en Italia, también tuvo lugar la consolidación de otros reinos post-romanos, muchos de ellos colindantes con el ostrogodo. A raíz de ello, el monarca debió desarrollar una política exterior activa que le permitiese mantener estabilidad en las fronteras para poder consolidar su reino, ser reconocido y respetado por sus pares de las entidades políticas vecinas. Así, consolidó su hegemonía sobre el territorio occidental venciendo a los diferentes reinos (tales como los francos en la Galia y los vándalos en el norte de África), a través del uso de la violencia y de su política de tratados matrimoniales (Heydemann, 2016: 29). Dicha hegemonía se logró hacia el norte y hacia el este: el reino ostrogodo recuperó y tomó como parte de su dominio los territorios de Iliria, Panonia y Dalmacia. En el oeste,

     Fernando Ruchesi (ed.)

ejerció su influencia en el reino visigodo de Hispania y se expandió sobre el dominio de los burgundios. La adquisición de esta extensión territorial ayudó a Teodorico a consolidar su posición, y a que el reino ostrogodo sea considerado por sus contemporáneos como el *restablecimiento* del Imperio Romano en el oeste (Arnold, 2016: 73).

Por esta razón, de acuerdo con lo descripto y planteado anteriormente, el objetivo de este trabajo es identificar en cuatro fuentes del período en clave comparativa algunas de las medidas particulares que contribuyeron a la cohesión social dentro del reino y que puedan considerarse como estrategias para el proceso de legitimación de la dominación.

Legitimidad, cohesión y dominación

Para dar inicio a este trabajo, creemos preciso proporcionar una definición de legitimidad. De acuerdo con Norberto Bobbio, se trata del "…atributo del Estado que consiste en la existencia, en una parte relevante de la población, de un grado de consenso tal, que asegure la obediencia sin que sea necesario, salvo en casos marginales, recurrir a la fuerza. Por lo tanto, todo poder tratará de ganarse el consenso para que se le reconozca como legítimo, transformando la obediencia en adhesión" (Bobbio, Matteucci y Pasquino, 1993: 892-893).

Esta concepción que hemos citado nos permite caracterizar el proceso de legitimación como aquel que no tiene como punto de referencia al Estado en su conjunto sino a sus diversos aspectos: la comunidad política, el régimen, el gobierno, entre otros (Bobbio, Matteucci y Pasquino, 1993: 892-894). De esta forma, entendemos a la legitimación del poder como el resultado de una serie de elementos dispuestos a niveles crecientes, cada uno de los cuales contribuye en modo relativamente independiente a determinar la citada legitimación. Consideramos que las estrategias de cohesión social llevadas en el nuevo Estado ostrogodo fueron las que permitieron otorgarle la legitimidad a Teodorico. Así, entendemos a la *cohesión social,* como "una categoría relacional" reflejo de las diferentes interacciones sociales, que presenta tensiones internas y contradicciones, pero donde la sociedad o los grupos humanos en cuestión encuentran algún balance que les permite seguir funcionando (Pohl, 2018: 23-24).

La cohesión social, de hecho, no pregona la ausencia de conflictos o la desaparición de las contradicciones en una sociedad. Al contrario, la disonancia en el seno de estos grupos es necesaria para su éxito a largo plazo, porque permite crear respuestas creativas para las contingencias y las circunstancias cambiantes (Pohl, 2018: 23-24). De esta manera, compartir valores e identidades puede tener un efecto cohesivo, especialmente en una comunidad que está bajo presión externa.

Así, el concepto de cohesión social está estrechamente vinculado a las nociones de conectividad y reciprocidad, integración, consenso, solidaridad y lealtad. Asimismo, tiene fuertes implicancias para la construcción de identidades (Pohl, 2018: 23-24). Esta amplitud conceptual es la que nos permitirá enlazar lo que concebimos como estrategias de legitimidad con lo que Max Weber (1944) denominó *motivos de legitimidad de la dominación*. Así, concebimos a las medidas de cohesión social como elementos garantizadores de la legitimidad del monarca ostrogodo en la península itálica, tanto ante sus propios seguidores, como ante la población romana y reinos vecinos.

El proceso de legitimación y cohesión social en las fuentes

Las diversas fuentes del período señalan que el reinado de Teodorico consiguió un *equilibrio en la sociedad*. Por nuestra parte, consideramos que este equilibrio fue producto de la legitimación lograda por el soberano a través de una serie de situaciones significativas que es caracterizada en la documentación de la época. Dicha legitimación se generó a partir del establecimiento de una cohesión en la sociedad, lo que a su vez permitió clasificar esto como un *equilibrio*. Este proceso se reflejó en una serie de estrategias que se tradujeron en medidas concretas del gobierno de Teodorico, las cuales pueden ser analizadas dentro de dos categorías: política exterior y política interior del reino ostrogodo.

Entre las medidas de política interior, agruparemos dos tipos de relaciones que el monarca priorizó consolidar. Por un lado, las relaciones que se establecieron entre la población goda y la romana y, por otro, la interacción del gobernante con la aristocracia senatorial y el mantenimiento de las estructuras políticas imperiales y el derecho romano.

Podemos observar estos desarrollos, en primera instancia, en los pasajes correspondientes al *Panegírico a Teodorico* (López Kindler, 2002). Se trata de un texto compuesto y pronunciado por Enodio de Pavia (509), que nos permite reconocer la importancia que poseía una buena comunicación y la relación con la élite senatorial de la península:

Fernando Ruchesi (ed.)

(…) Obtiene una magistratura el que la merece, aunque viva muy apartado. Pues nunca permanece oculto aquel a quien su honradez delata, porque tú, justísimo juez, te dejas convencer, no con palabras, sino con hechos. Los méritos de nuestros difuntos antepasados están bien guardados en tus manos: cuando un acto de lealtad llegue a los oídos de tu misericordia, inmediatamente restituirás según el derecho hereditario a su sucesor todo lo que debes al que actuó fielmente (…).[1]

En el fragmento citado, el soberano es descrito con la intención de conservar y garantizar el funcionamiento de las estructuras políticas imperiales a partir del recordatorio constante de que la ley escrita, es decir, del derecho romano, como base de una vida ordenada. Teodorico era sumamente consciente de la importancia ideológica de la citada ley escrita (Heather, 2013: 114), puesto que equivalía a una garantía explícita, para las viejas élites romanas de Italia (por no mencionar a los ricos clérigos), de que sus fortunas tenían futuro en la nueva era política. De esta manera, el viejo orden sería respetado por la nueva administración (Heather, 2013: 119).

A estas relaciones las podemos identificar también en el contacto constante entre el monarca y el Senado. Por ejemplo, la compilación de cartas del funcionario real Casiodoro –las *Variae* (Barnish, 2006)–, señala el continuo intercambio epistolar tanto con el Senado de Roma, como con miembros destacados de la aristocracia senatorial.

Carta I.4. El rey Teodorico al Senado de Roma

1. Realmente deseo, padres del Senado, que tu guirnalda sea coloreada con las flores de las distintas oficinas; deseo que el espíritu de la Libertad debiera contemplar un Senado agradecido. Sí, una asamblea con tales oficinas es un honor para el gobernante (…). 2. Pero este es mi deseo especial: que las lámparas de altos honores deban adornar su orden, cuando aquellos que han crecido en el poder de la corte

---

1   "(…) Magistratum, etiamsi longe deguerit, exigit qui meretur. numquam absconditur quem prodiderit innocentia, dum, subtilis arbiter, non placaris voce sed actibus. parentum nostrorum qui occubuerunt apud te bene acta servantur: cuius mansuetudini tuae fides innotuerit, hereditatis iure quod auctori debueras suboli mox refundes. habemus de maiorum obsequiis fructum, et tamen de excessibus supplicia non timemus (…)". Enodio, *Panegírico a Teodorico*, XVI. Para las obras de Enodio, sigo la edición de Vogel, 1885. Asimismo, sigo parcialmente la traducción de López Kindler, 2002.

debidamente rindan la cosecha a su patria. Mi mirada inspecciona a estos hombres, me regocijo en encontrar en ellos un tesoro de buen carácter, en el cual, como por moneda, retratos de honores, se expresa la amabilidad de mi serenidad. 3. De ahí que haya recompensado al ilustre Casiodoro, un hombre famoso por la más alta distinción del estado, con el exaltado rango de Patricio: así el honor de un gran título puede proclamar los méritos de mi sirviente (…) 18 (…) Y, por lo tanto, padres del Senado, ya que les agrada honrar al bueno, y como su asentimiento acompaña mi juicio, voten favorablemente para la promoción de un hombre que ha ganado buena voluntad general. Porque es más un intercambio que una recompensa, que aquellos que han adornado ustedes con acciones dignas de elogio debe ser agradecido con un recíproco favor (…).[2]

Desde este discurso, se destaca una continua intención de proporcionar al senado las mismas funciones que este poseía en los tiempos del Imperio. Es decir, nos encontramos con un organismo al que el monarca le informaba su accionar y también le solicitaba su aprobación para el nombramiento en la calidad de "patricio" de uno de sus funcionarios. La petición expresada en este pasaje nos permite identificar la importancia del Senado para la nueva estructura de poder en un amplio espectro de aspectos, desde cuestiones nominales hasta de gestión al interior del reino.

La intención constante que podemos ver en las fuentes anteriores por generar un vínculo entre el monarca y la aristocracia senatorial como fuente de legitimidad en el nuevo Estado, también adquirió carácter de ley. Con de la promulgación del *Edicto* de Teodorico (Lafferty, 2010),

---

2   "(…) IV. SENATUI URBIS ROMAE THEODERICUS REX.1 Optamus quidem, patres conscripti, coronam vestram diversorum fascium flore depingi:optamus, ut Libertatis genius gratam videat turbam senatus.conventus siquidem talium est dignitas imperantum (…). 2 Illud tamen maxime desideranter appetimus, ut collegium vestrum ornet lumina dignitatum, quando decenter augmenta patriae reddunt, qui aulica potestate creverunt. hos viros nostra perscrutatur intentio: his morum thesauris gaudemus inventis, in quibus velut figuratis honorum vultibus elementia nostrae serenitatis exprimitur. 3 Hinc est quod Cassiodoro illustri et magnifico viro, praecipua in re publica claritate notissimo, patriciatus dedimus pro remuneratione suggestum: ut honore magni nominis declararentur merita servientis (…).18 (…) et ideo, patres conscripti, quia vobis est commodus honor bonorum et iudicum nostrum vester comitatur assensus, propero auspicio suscipiatur eius provectus, qui sibi fecit gratiam patere cunctorum. est enum potius vicissitudo quam praemium, ut qui vos probabili actione coluerunt, reciproco favore gratulentur (…)". Casiodoro, *Variae*, I.4. Para las obras de Cassiodoro, sigo la edición de Mommsen, 1885. Sigo parcialmente la traducción de Barnish, 2006.

                                    Fernando Ruchesi (ed.)

algunos aspectos que responden claramente a la relación soberano-aristocracia fueron garantizados.

> Artículo 12. Con respecto a esos quienes han poseído
> cualquier propiedad sin interrupción por treinta años

A cualquiera que se le pruebe estar en posesión de cualesquiera propiedades sin interrupción por treinta años no deberá ser sujeto a ninguna impugnación judicial, ya sea por parte privada o del estado. Además, decretamos que durante esos periodos de posesión de un previo poseedor deberá ser calculado por ley en favor de tal poseedor. Agregamos que, si algún asunto ha sido presentado durante los treinta años, y el final de los treinta años se termina antes que la acusación termine, se dará por terminado el asunto sin más preámbulos; ya que creemos que es más que suficiente para cualquier persona en absoluto para iniciar un procedimiento adecuado y llevarlos a término dentro de los treinta años ya sea a través de una sentencia de la corte pública o una decisión de un arbitraje privado (…).[3]

Estas normas aseguraban la posesión, ocupación y explotación legal de las tierras a la aristocracia. Por ello, nos permiten continuar considerando a dicho grupo social como pilar fundamental de la legitimidad real. A partir del pasaje citado, podemos señalar la importancia que implicaba la recuperación de las tierras por parte de la aristocracia. Se trató de una situación que Teodorico se encargó de resolver para, de esa manera, ganarse el favor, apoyo y reconocimiento de este grupo como líder político de la península.

En conjunto con la intención de garantizar una posición política-administrativa a los senadores, otro de los tintes que adquirió la política interior para reforzar esta relación fue la concerniente al aspecto económico. Esta característica nos permite reconocer ciertos aspectos de la

---

3   "Qui per triginta annos quam libet rem iugiter possiderit fuerit adprobatus, neque publico, neque privato, nomine patiatur aliquam penitus queaestionem. Tali autem possessori etiam auctorum proautorumque suorum tempora secundum leges proficere debere censemus: illud adiicientes, ut si intra triginta annos mota lis fuerit, nec finita superveniens conclusio triginta annorum eandem sine aliqua dubitatione consumat: quia cuivis satis credimus abundeque sufficere, intra 30 annoset actiones suas rite componere, et eas publico iudico vel privata definitione peragere. Ita ut circa pupillarem aetatem privilegia antiquis vel novellis legibus concessa serventur, vel circa eos, qui ex quo competere poterant post vicesimun et quintum annum intra tricesimum suas legibus proposuerint actiones. Cui casui quinquenni beneficium novella lege probamus adiectum". *Edicto de Teodorico*, 12. Sigo la edición de Pertz, 1875. Además, sigo parcialmente la traducción de Lafferty, 2010.

administración del erario –que habían sido desarticulados por el período de incertidumbre e inestabilidad que siguió a la *caída* del Imperio (Ward-Perkins, 2007)–. Como mencionamos con anterioridad, dicha situación incidía directamente sobre los intereses de la élite senatorial. Encontramos un ejemplo de ello en el *Panegírico a Teodorico* de Enodio de Pavia:

> (…) Por entonces esta tierra poderosa había perdido su vigor a causa de los dispendios provocados durante un largo periodo de calma por la incapacidad de los gobernantes. Ya la paz no perturbada había traído consigo un empobrecimiento del erario, mientras entre nosotros, dentro del Estado, gobernaba en la penuria un depredador, crecido por el éxito de su continua rapiña, dilapidador de sus propios bienes, que no buscaba aumentar los ingresos del tesoro a base de nuevos impuestos, sino a través de robos. Mientras la corrupción se recrudecía, el tirano empobrecido había acumulado odios a causa de su prodigalidad, sin que, agotados sus recursos, lograra suplir con afecto lo que había venido a faltar a su opulencia (…).[4]

A esto podemos sumar pasajes que señalan cuán importante era el renacer económico de la península, tanto para la élite romana como para el sector eclesiástico al que representa el autor. Con respecto al fenómeno de la recuperación de la estabilidad económica lograda durante el reinado del nuevo monarca, podemos identificarlo en reiteradas ocasiones a lo largo de la obra:

> La riqueza del estado creció a la par que aumentaron los bienes privados: en tu corte no hay corrupción por ninguna parte y la riqueza se difunde por doquier. Nadie se aparta de ti sin regalos, ninguno lamenta la desgracia de la proscripción. Tus negociaciones tienen validez imperecedera…[5]

---

4   "(…) Iam diuturnae quietis dispendio per gubernantium vilitatem potens terra consenuerat, iam attulerat publicis opibus pax intemerata defectum, cum apud nos cottidianae depraedationis auctus successibus intestinus populator egeret, qui suorum prodigus incrementa aerarii non tam poscebat surgere vectigalibus quam rapinis. saeviente ambitu pauper dominus odia effusione contraxerat, sed nec defrudatis viribus quod minuebat opulentiae iungebatur affectui (…)". Enodio, *Panegírico a Teodorico*, VI.

5   "(…) Nusquam in aula tua ambitus et opum ubique diffusio est. nemo indonatus abscedit et nullus incommoda proscriptionis ingemescit. legationibus tuis inest vigor immortalis: mandatorum ordinem digeris, priusquam legatos aspicias (…)". Enodio, *Panegírico a Teodorico*, XI.

                                        Fernando Ruchesi (ed.)

Esta importancia del renacer económico también la encontramos en la *Pars posterior* del Anónimo Valesiano (Barnish, 1983). Esta obra nos relata otra versión del reinado y accionar de Teodorico en Italia, sin las características propagandísticas del panegírico citado anteriormente, ni los aspectos administrativos propios de la obra de Casiodoro, como tampoco la estructura legal del *Edicto*. El pasaje sesenta, indica que: "Él fue generoso con los regalos y la distribución de grano, y aunque él no encontró nada en el tesoro público, por sus esfuerzos este fue restaurado y enriquecido".[6]

En el fragmento citado anteriormente, podemos ver que el renacer económico se tradujo en la inversión del tesoro real en un plan de infraestructura para reconstruir espacios afectados por las épocas de inestabilidad y para construir edificios con típico estilo de las ciudades romanas. Dicho plan edilicio puede corroborarse también a partir de los restos arqueológicos que se han encontrado en diferentes ciudades del norte de Italia, pero principalmente en el renacer edilicio de Ravena y Verona, dos de las ciudades en las que se han conservado los restos de murallas y acueductos datados de dicha época (Burns, 1984).

En Ravena reparó el acueducto, que había construido el emperador Trajano y trajo agua a la ciudad luego de tanto tiempo. Él terminó la construcción del palacio, y completó las columnatas a su alrededor. También construyó baños y un palacio en Verona, y agregó una extensión de columnas en todo el camino desde las puertas de la ciudad hasta el palacio. Aparte de eso, restauró el acueducto de Verona, que llevaba un largo tiempo destruido y trajo agua a la ciudad, como así también rodeó la ciudad con nuevas murallas. En Ticinio, construyó un palacio, baños y un anfiteatro, además de nuevas murallas para la ciudad.[7]

---

6   "(…) Dona et annonas largitus quamquam aerarium publicum ex toto faeneum invenisset, suo labore recuperavit et opulentum fecit (…)". Anónimo Valesiano, *Pars Posterior*, 60. Para la obra de Anónimo Valenciano, sigo la edición de Mommsen, 1885. Además, sigo parcialmente la traducción de Barnish, 1983.

7   "(…) 71. Hic aquae ductum Ravennae restauravit, quem princeps Traianus fecerat, et post multa tempora aquam introduxit. Palatium usque ad perfectum fecit, quem non dedicavit. Portica circa palatium perfecit. Item Veronae thermas et palatium fecit et a porta usque ad palatium porticum addidit. Aquae ductum, quod per multa tempora destructum fuerat, renovavit et aquam intromisit. Muros alios novos circuit44 civitatem. Item Ticino palatium, thermas, amphitheatrum, et alios muros civitatis fecit (…)". Anónimo Valesiano, *Pars Posterior*, 71.

Esta argumentación y pasaje de la crónica es respaldada, asimismo, por otros pasajes del panegírico, en los que el autor describe el resurgir de la ciudad, haciendo una descripción clásica del esplendor citadino.

> (…) Veo que un inesperado esplendor surge de las cenizas de las ciudades y que, en una era de esplendor de la civilización por todas partes resplandecen palacios. Veo edificios realizados aún antes de haber tenido yo noticias de que se proyectaban. Roma misma, madre de todas las ciudades, rejuvenece porque se le cortan los miembros podridos de su vejez (…).[8]

Sin embargo, el monarca no solo debía conciliar con el grupo aristocrático: no debemos olvidar las interacciones entre el colectivo ostrogodo de recién llegados con los habitantes romanos de la península. De esta manera, podemos señalar que para evitar que la llegada y el asentamiento del contingente godo generasen reacciones adversas y negativas por parte de los pobladores de la península fue necesaria la aplicación de algún tipo de estrategia que pudiese contener esta situación.

En este punto, Teodorico utilizó las leyes romanas vigentes en el territorio y las aplicó de manera igualitaria sin discriminar origen étnico, a fin de fomentar la citada cohesión. Al mismo tiempo, atribuyó funcionalidades a los contingentes, siendo los integrantes de la comunidad goda los que cumplirían funciones de protección y defensa (es decir, el ejército) del nuevo Estado y la colectividad romana, la encargada de la administración de los territorios.

> Porque la ley mantiene en sus límites a los hombres que en el campo de batalla son indomables: someten a las ordenanzas sus cabezas tras haberlas coronado de laurel y haber aniquilado las filas enemigas; tus decretos dominan a los hombres ante los cuales han retrocedido las armas (…).[9]

De esta manera, el rey ostrogodo constituyó a la sociedad como un todo integrado que sólo funcionaría si cada una de sus partes desempeña-

---

8   "(…) Video insperatum decorem urbium cineribus evenisse et sub civilitatis plenitudine palatina ubique tecta rutilare. video ante perfecta aedificia, quam me contigisset disposita. illa ipsa mater civitatum Roma iuveniscit marcida senectutis membra resecando (…)". Enodio, *Panegírico a Teodorico*, XI.

9   "(…) Nam indomita inter acies ingenia lex coercet: summittunt praeceptis colla post laureas et calcatis hostium cuneis, quibus arma cesserint, decreta dominantur (…)". Enodio, *Panegírico a Teodorico*, XX.

                                                 Fernando Ruchesi (ed.)

se la función correspondiente en ella. Son estas características y funciones bajo las cuales serán aceptados los ejércitos y el propio Teodorico en la península itálica. Por ello, podemos sugerir que el soberano logró comprender cuál era el panorama político-social presente, llevando a cabo las medidas necesarias para mantener el poder. Podemos complementar este argumento a través del análisis de una serie de cartas dirigidas directamente a la población goda y romana.

Carta I.17. El Rey Teodorico a todos los godos
y romanos viviendo en Detona

3. Por lo tanto, por esta autoridad, decreto que ustedes deben construir rápidamente sus propias casas en el fuerte antes mencionado. Obras, por las que pagaré, porque, incluso mientras planeo vuestro bien, sentiré que están glorificando mi reinado con hermosos edificios. (…) ¡Qué ventaja será vivir en sus propias casas, mientras el enemigo aguanta en espacios hostiles! (…).[10]

En esta correspondencia podemos apreciar la importancia que tenía para el monarca mantener la paz y buena convivencia entre el contingente godo y la población romana. Este aspecto también se ve reflejado en el *Edicto*, que tiene como finalidad la utilización de la justicia como elemento de cohesión, tal y como se expresa en su prólogo:

Muchas quejas han llamado nuestra atención. Algunas personas dentro de las provincias están pisoteando las reglas de la ley defendiendo acciones injustas. Por esto, nosotros, tomando en cuenta la paz deseada de la población y teniendo ante nuestros ojos las irregularidades que ocurren regularmente, ordenamos que los edictos presentes sean publicados para poner fin a este tipo de asuntos. De modo que tanto los bárbaros como los romanos mantengan el respeto debido a las leyes públicas que preservan diligentemente en sus derechos a todas las personas, puedan saber claramente a qué están obligadas. A continuación, se indican los puntos que se especifican en los presentes edictos.[11]

---

10 "XXIIII. UNIVERSIS GOTHIS THEODERICUS REX (…) Et ideo praesenti auctoritate decernimus, ut domos vobis in praedicto castello alacriter construatis (…). Quale est, rogo, in laribus propriis esse, cum durissimas mansiones hostis cogitur sustinere? (…)". Casiodoro, *Variae*, I.17.3.

11 "Querelae ad nos plurimae pervenerunt, intra provincias nonnullos legum praecepta calcare. Et quamvis nullos iniuste factum possit sum legum autorictate defendere: nos

Por esta razón, la administración de la justicia cotidiana se aplicó de manera igualitaria. Ello puede observarse en varias de las normas del edicto, muchas de las cuales se dedican al tratamiento de temáticas de crímenes (Lafferty, 2010: 157) comunes y de corrupción en la sociedad del momento, estableciendo los mismos castigos sin distinción étnica. Para llevar adelante esta estrategia, se conservaron los títulos jurídicos propios de la *lex romana.*

> Artículo 34. Con respecto a un robo, sin importar
> si ha sido cometido por un Romano o por un Bárbaro

No dejar que nadie, ya sea romano o bárbaro, obtenga una propiedad de otro, si se ha obtenido por medio del robo. Nuestros edictos previos además rectifican esto.[12]

A partir de estos fragmentos también podemos afirmar que las fuentes señalan la existencia de una diferencia de nomenclatura, de manera constante, entre romanos y godos. Podemos tomar esta identificación como evidencia de que era un problema de la sociedad del momento. Sin embargo, la documentación coincide en indicar, al mismo tiempo, que fue la figura de Teodorico la encargada de establecer el "equilibrio" o "paz", entre ambos grupos. Por ende, consideramos que existieron medidas constantes para poder generar un vínculo de tolerancia entre la población goda y la romana.

> 59. Dado que Teodorico era un hombre de gran distinción y de buena predisposición con todos sus hombres, y que gobernó por 30 años. En su tiempo, Italia por treinta años disfrutó de buena fortuna que fue heredada también por sus sucesores. 60. Sea lo que sea que haya hecho fue bueno. Él gobernó dos pueblos al mismo tiempo, Romanos y Godos (…).[13]

---

tamen cogitantes generalitatis quietem, et antes oculos habentes illa, quae possunt saepe contingere, pro huiusmodi casibus terminandis, praesentia iussimus edicta pendere: ut salva iuris publici reverentia, et legibus onmibus cunctorum devotione servandis quae barbari Romanique sequi debeant super expressis articulis, edictis praesentibus evidenter cognoscant". *Edicto de Teodorico*, Prólogo.

12   "Nemo aut Romanus, aut barbarus rem petat alienam: quam si per subreptionem impetraverit, non valebit, et eam sed non dubitet cum fructibus reddicturum. Salvo eo, quod super hac parte superiora nostra edicta ius sanciunt". *Edicto de Teodorico*, 34.

13   "(…) 59. Ergo praeclarus et bonae voluntatis in omnibus, qui regnavit annos XXXIII. Cuius temporibus felicitas est secuta Italiam per annos triginta, ita ut etiam pax

      Fernando Ruchesi (ed.)

Política exterior

En cuanto a la política exterior, las fuentes proporcionan evidencia acerca de las redes de alianza que desarrolló Teodorico con los gobernantes de los reinos vecinos, como estrategias de cohesión. Dichas alianzas le permitieron mantener la estabilidad de las fronteras de su reino. En primer lugar, Teodorico mantuvo relaciones de amistad constantes con el reino de los burgundios, al norte de los Alpes, las cuales están documentadas en la obra de Casiodoro:

> Carta I.46. El Rey Teodorico a Gundebaldo rey de los Burgundios
>
> (…) te saludo con mi amistad habitual y he decidido enviarte (…) con los portadores de esta carta, los relojes con sus operadores, para dar placer a su inteligencia (…) 2. Posee tu país natal lo que una vez viste en la ciudad de Roma. Es apropiado que tu amistad disfrute de mis regalos, ya que también está unido a mí por lazos de parentesco (…).[14]

Como podemos identificar en el pasaje anterior, la relación de amistad que establece Teodorico con su par burgundio, el rey Gundebaldo, se mantiene en base a la entrega de regalos e intercambios como símbolo de reconocimiento del poder de cada uno, no solo a nivel personal sino también a lo largo del territorio que controlaban. Junto con su política expansiva, el monarca godo también implementó y profundizó –como mencionamos anteriormente– una política de tratados matrimoniales recurriendo a los miembros de su familia directa. Con ello, Teodorico se había transformado en un aliado estratégico para varios de los reinos de la Europa Occidental, especialmente tras su victoria sobre Odoacro (Moorhead, 1992: 51). Esta situación es descrita por la *Pars Posterior* del Anónimo Valesiano:

---

pergentibus esset. 60 Nihil enim perperam gessit. Sic gubernavit duas gentes in uno, Romanorum et Gothorum (…)". Anónimo Valesiano, *Pars Posterior*, 59-60.

14   "XLVI.GUNDIBADO REGI BURGUNDUONUM THEODERICUS REX (…) quapropter salutantes gratia consueta per harum protitores illum et illum oblectamenta prudentiae vestrae, horologia cum suis dispositoribus credidimus destinanda (…). 2 Habetote in vestra patria, quod aliquando vidistis in civitate Romana. dignum est, ut bonis nostris vestra gratia perfruatur, quae nobis etiam affinitate coniungitur (…)". Casiodoro, *Variae*, I.46.1-2.

Poco después, Teodorico tomó como esposa a una mujer franca llamada Augoflada. Antes que comenzara a gobernar él tuvo una esposa, llamada Areaagni, a quien dio en matrimonio en la Galia a Alarico, rey de los Visigodos y a otra de sus hijas Theodegotha a Sigismundo hijo del rey Gundebaldo.[15]

La misma política también fue implementada con el reino de los vándalos, en norte de África. Los vándalos habían mantenido un control parcial sobre Sicilia y obtenido dinero a cambio de protección y de no volver a atacarla, en tiempos de Odoacro. Pero en 491, los ejércitos de Teodorico derrotaron en Sicilia a una fuerza vándala que trataba de aprovecharse de su guerra contra Odoacro. Esto disuadió a los vándalos de seguir extorsionando a los sicilianos por dinero y, en torno a 500, se celebró una alianza matrimonial entre ambos reinos (Heather, 2013: 137). El capítulo sesenta y ocho de la *Pars Posterior*, señala que: "Él también dio en matrimonio a su propia hermana, Amalafrida a Trasimundo, rey de los vándalos".[16]

En ambos pasajes, podemos encontrar claramente la forma en que Teodorico unió a su familia más cercana e, incluso, se vinculó él mismo con miembros de las familias de los reinos vecinos. Consideramos que se trató de una política sumamente estratégica que le permitió la asegurar la contención de las fronteras, por un lado, pero principalmente ser considerado como un par por los demás soberanos no-romanos, garantizando su poder en la península tanto para su reinado como para sus descendientes. Esta política fue continua a lo largo de sus treinta años de reinado.

70. Luego de retornar a Ravena, cinco meses después, él dio en matrimonio a otra de sus hermanas, Amalabirga, a Herminifredo, el rey de los Turingios y de esa forma obtuvo la paz con todas las naciones de alrededor.[17]

---

15   "(…) 63. Postea vero accepta uxore de Francis nomine Augofladam. Nam uxorem habuit ante regnum, de qua susceperat filias: unam dedit nomine Areaagni Alarico regi Wisigotharum in Gallias, et aliam filiam suam Theodegotham Sigismundo, filio Gundebadi regis (…)". Anónimo Valesiano, *Pars Posterior*, 63.

16   "(…) 68. Item Amalafrigdam germanam suam in matrimonium tradens regi Wandalorum Transimundo (…)". Anónimo Valesiano, *Pars Posterior*, 68.

17   "(…) 70. Deinde sexto mense revertens Ravennam, aliam germanam suam Amalabirgam tradens in matrimonio Herminifredo regi Turingorum et sic sibi per circuitum placavit omnes gentes (…)". Anónimo Valesiano, *Pars Posterior*, 70.

                                                    Fernando Ruchesi (ed.)

La manera de planificar la política exterior descrita anteriormente nos permite conjeturar que, para el gobernante godo, mantener relaciones amistosas con las naciones vecinas era una cuestión de importancia. En parte, debido a que el reconocimiento como un igual ante sus pares le otorgaría la legitimidad externa necesaria y, en segundo término, debido a que contaría, al mismo tiempo, con sus apoyos –y de sus ejércitos–. Esto también era funcional para mantener la cohesión a nivel interno con los grupos al interior de la península y contribuían a consolidar el proceso de legitimación del monarca.

Conclusión

A partir de lo expuesto, es posible argumentar que cada una de las medidas que fueron llevadas a cabo por Teodorico respondieron a una estrategia que se relacionó de manera directa con las razones de dominación –concepto de dominación legal, tradicional y carismática–. Al mismo tiempo, cada estrategia respondió a la resolución de algún conflicto o inconveniente en particular para completar el proceso de legitimación que nos concierne. Es decir, tanto desde la perspectiva de política interna –élite senatorial, y las diferencias entre los contingentes godos y romanos–, como desde las políticas externas y la consolidación de redes de relaciones con sus pares no-romanos.

No obstante, consideramos que existen otras aristas que pueden ser desarrolladas en lo que respecta a estrategias de cohesión llevadas a cabo por el soberano. Entre ellas podemos destacar el aspecto religioso y las disputas que se generaron en relación con dicho espacio, ya que se constituyó en otra contradicción entre la población ostrogoda y la romana. Por su parte, los recién llegados eran cristianos-arrianos por lo que eran considerados herejes por los habitantes de la península, dado que en su mayoría profesaban el culto cristiano niceno. Esto también podemos identificarlo como un elemento de análisis para complementar lo desarrollado anteriormente. Por esta razón es que no debemos entender que el proceso de legitimación se limitó solamente a una cuestión de medidas políticas que garantizasen el establecimiento de una forma política y su líder, sino al contrario debemos comprenderlo como un proceso integral. Es decir, para poder garantizar su poder, Teodorico debió conciliar, asimismo, con los diferentes actores sociales y las pro blemáticas en las que se encontraban insertos, generando una nueva forma de convivencia y vinculación. Es esta conciliación la que podemos asociar con el concepto de *equilibrio social* que se ha atribuido al periodo del reinado de dicho monarca. Este equilibrio lo logró gracias a las diferentes estrategias implementadas –desarrolladas a lo largo de este capítulo– que le permitieron generar una cohesión social que se reflejó en las vinculaciones sociales para garantizar y mantener al monarca en su centro de poder (legitimación del poder).

Por último, debemos mencionar que esta estructura de legitimidad desarrollada por Teodorico inició su declive luego de su muerte, demostrando nuevamente que todas las problemáticas que se conciliaron o, en teoría, se resolvieron durante el reinado de Teodorico, no habían desaparecido instantáneamente. Por estas razones, podemos caracterizar al reinado de Teodorico como la época de esplendor y prosperidad del reino ostrogodo en Italia.

Bibliografía

Fuentes primarias

BARNISH, S. J. B. (ed. y trad.) (2006), *Cassiodorus. Variae*. Liverpool: University Press.

BARNISH, S. J. B. (ed. Y trad.) (1983), *The Anonymus Valesianus II as a Source for the Last Years of Theoderic*. Bruselas: Societe d'Etudes Latines de Bruxelles.

BLUHME, F. (ed.) (1889), *Edictum Theoderici regis*, MGH, LNG 5. Hannover.

LAFFERTY, S. (ed.) (2010), *The Edictum Theoderici: A Study of a Roman Legal Document from Ostrogothic Italy*. Toronto: University of Toronto Press.

LÓPEZ KINDLER, A. (ed. y trad.) (2002), *Ennodio. Opúsculos y Declamaciones*. Madrid: Gredos.

MOMMSEN, T. (ed.) (1894), *Cassiodorus. Variae*, MGH, AA 12. Berlín.

MOMMSEN, T. (ed.) (1885), *Chronica Minora Saec. IV.V.VI.VII, Pars Posterior*, MGH, AA 9. Berlín.

VOGEL, F. (ed.) (1885.), *Magni Felicis Ennodii Opera*, MGH, AA 7. Berlín.

     Fernando Ruchesi (ed.)

Bibliografía específica

ARNOLD, J. (2016), "Ostrogothic Provinces: Administration and Ideology", en Arnold J.(ed.), *A Companion to Ostrogothic Italy*, Leiden: Brill.

BJORNLIE, M.S. (2016), "Governmental Administration", en Arnold J.(ed.), *A Companion to Ostrogothic Italy*, Leiden: Brill.

BOBBIO, N., MATTEUCI N. y PASQUINO G. (1993), *Diccionario de política*. México: siglo veintiuno editores.

BURNS, T. (1984), *A History of the Ostrogoths*. Bloomington: Indiana University Press.

HALSALL G. (2016), "The Ostrogothic Military", en Arnold J. (ed.), *A Companion to Ostrogothic Italy*, Leiden: Brill.

HEATHER, P. (2013), *La restauración de Roma*. Barcelona: Crítica.

HEYDEMANN G. (2016), "The Ostrogothic Kingdom: Ideologies and Transitions" en Arnold J. (ed.), *A Companion to Ostrogothic Italy*, Leiden: Brill.

MOORHEAD, J. (1992), *Theoderic in Italy*. Oxford: University Press.

POHL, W. (2018), "Social Cohesión, Breaks and Transformations in Italy, 535-600", en Balzzaretti R., Barrow, J. and Skinner P. (eds.), *Italy and Early Medieval Europe. Paper for Chris Wickham*, Oxford: Oxford University Press.

RADKI C. (2016), "The Senate at Rome in Ostrogothic Italy", en Arnold J. (ed.), *A Companion to Ostrogothic Italy*, Leiden: Brill.

WARD-PERKINS, B. (2007), *La caída de Roma y el fin de la Civilización*. Madrid: Espasa Calpe S.A.

WEBER, M. (1944), *Economía y Sociedad. Esbozo de sociología comprensiva II*. México: Fondo de Cultura Económica.

WOLFRAM H. (1990), *History of the Goths*. Los Angeles: University of California Press.

Capítulo II

Aspectos iniciales sobre la cohesión social y los grupos guerreros en los reinos merovingios

Fernando Ruchesi

Departament Història – Universitat de Lleida

Departamento de Historia – Universidad Nacional del Nordeste

IIGHI (CONICET/UNNE)

Introducción

Con el lento y progresivo declive de la hegemonía romana en el Occidente imperial, a lo largo del siglo V, nuevos actores comenzaron a ocupar los espacios políticos y económicos que formaban parte del Estado romano. El final de las políticas de patronazgo, otrora impulsadas por la autoridad central imperial para el mantenimiento de las lealtades de las aristocracias regionales supuso un panorama propicio para la llegada de los contingentes no-romanos en el período de las migraciones. Estos grupos no sólo se establecieron en los antiguos territorios imperiales de la *pars occidentalis* –muchas veces, a través de las mismas políticas imperiales (Halsall, 2007: 34)–, sino que se vincularon con las élites locales. Entre estos conjuntos, podemos mencionar a los visigodos, los burgundios, alanos, suevos y, por supuesto, los francos. Estas comunidades cimentaron su unidad a través de diversas estrategias. Entre dichas estrategias, se destacó su integración en el mundo romano a partir de su participación en el ejército, sirviendo como *foederati* (Jones, 1964: 611-613; Burns, 1994: xiii-xxi; Elton, 1996: 137-145; Chrysos, 2002: 13-14).

Durante la segunda mitad del siglo V, los *franci* iniciaron su expansión territorial a partir del área de frontera en el norte de la Galia. Como consecuencia de las relaciones que mantuvo Flavio Aecio con este contingente, los francos pasaron a ocupar el papel de defensores del curso medio del Rin. Esta función, junto con su participación en la batalla de los Campos Cataláunicos (James, 1988: 58), le posibilitó granjearse la confianza de los provinciales galo-romanos al ejército franco (Geary,

1988: 81-82). Con el paso del tiempo, Childerico I (458-481) y Clovis I (481-511) lograron consolidar su hegemonía en casi la totalidad de la Galia. Con ello, los francos salios se situaron en un lugar importante en la política internacional del siglo VI (Geary, 1988: 87).

En este trabajo analizaremos algunos ejemplos sobre el funcionamiento de la cohesión social en los reinos merovingios (Ewig, 1953), en lo que respecta a las aristocracias laicas y guerreras. Para ello, hemos de recurrir especialmente a fuentes historiográficas y legales. Lo que entendemos como cohesión social es una noción que señala las maneras en que los miembros de un grupo (pertenezcan o no a una comunidad y se identifiquen o no con determinados valores y costumbres) puedan unirse, ante determinadas circunstancias, para llevar a cabo una empresa común, por lo general, superar una dificultad o una situación adversa para los integrantes de un grupo o comunidad en cuestión (Weidmann y Zürcher, 2013: 3-5). De acuerdo con Dick Stanley, se trata del proceso por el cual se desarrollan los valores compartidos de una comunidad, junto con los desafíos y oportunidades también compartidos, que están basados en un sentimiento de esperanza, confianza y reciprocidad (Stanley, 2003: 7-9). Dependiendo del caso y del contexto, la cohesión social puede llegar a construir lazos más duraderos, que se pueden manifestar, a su vez, en una identidad específica, ya sea de carácter étnico o no (Pohl, 2018: 23-24).

La cohesión social y los recursos de los jefes francos

Las fuentes narrativas compuestas en los reinos merovingios nos dan a entender que un elemento fundamental en la construcción de poder estaba relacionado con la habilidad que poseían los líderes francos para llevar a cabo performances que indicasen su capacidad ante determinadas tareas. Dichas performances podían variar: desde demostrar sus habilidades en combate o artes marciales (Pohl, 1992: 227), hasta el compartir fatigas y el estilo de vida del resto de los guerreros, de modo que se mostrasen como un combatiente más del montón (Southern y Dixon, 1997: 176).

En relación al primer caso, podemos citar el ejemplo del rey Sigiberto de Austrasia (561-575) en el marco de una campaña militar que realizó contra Chilperico (561-584). En dicha campaña, las tropas al mando de Sigiberto comenzaron a comportarse de mala manera:

Fernando Ruchesi (ed.)

…pero [el rey] no podía ejercer su poder sobre algunas de estas personas iracundas que vienen de la otra parte del río Rin (…). Entonces algunas de estas gentes se quejaron porque él [Sigiberto] les ordenó que dejaran de luchar. Pero él [Sigiberto] era intrepido: habiendo montado en su caballo, se dirigió hacia ellos y trató de calmarlos con la palabra. Más tarde, él ordenó que a muchos de ellos se los apedreara [hasta la muerte].[1]

En este caso, vemos cómo el monarca confrontó personalmente a aquellos de sus subordinados que se estaban excediendo, quemando aldeas situadas en las cercanías de París. Sigiberto fue hacia a ellos montado y luego castigó a los culpables. Desde la perspectiva de Gregorio de Tours, se trataría de un buen soberano, puesto que más allá de la campaña militar, se preocupaba por el bienestar de los aldeanos, quienes no participaban activamente en la guerra.

Un ejemplo de oposición sería el del modo de actuar del rey Chilperico de Neustria en relación con su ejército. En el contexto de la campaña militar que el mismo Chilperico lanzó para apropiarse de los territorios de Guntramn de Burgundia, los *Decem Libri Historiarum* mencionan que una vez que ambos soberanos llegaron a un acuerdo de paz, las tropas de Neustria no quedaron conformes. Así, procedieron a saquear las tierras aledañas al campo de batalla y Chilperico hizo ejecutar al *comes* de Rouen. Por lo demás, el destacamento que estaba sitiando Bourges –también al mando de Chilperico–, al enterarse de la orden de detenerse y regresar a Neustria, saqueó los territorios circundantes del área de Tours. El autor también menciona que aquellos que estaban bajo el mando de los *duces* Desiderio y Bladast incendiaron y robaron lo que pudieron.[2] En este punto, el capítulo 31 del sexto libro de las historias de Gregorio de Tours cambia el foco de atención al ejército de Childeberto. Con ello, el historiador deja este problema sin resolver, acusando indirectamente al rey Chilperico por el mal comportamiento de sus guerreros. Recordemos que, para el obispo de Tours, Chilperico fue el *Nerón y Herodes* de su tiempo (Halsall, 2002: 348-350). La cuestión

---

1   "…sed furorem gentium, quae de ulteriore Rheni amnis parte venerant, superare non poterat (…). Tunc ex gentibus illis contra eum quidam murmoraverunt, cur se a certamine subtraxisset. Sed ille, ut erat intrepedus, ascenso equo, ad eos dirigit eosque verbis lenibus demulsit, multos ex eis postea a lapidibus obrui praecipiens". Gregorio de Tours, *Decem Libri Historiarum*, IV.49. Sigo la edición de Krusch y Levison, 1951.

2   Gregorio de Tours, *Historia de los francos*, VI.31.

del mal comportamiento de las bandas guerreras es un tema recurrente tanto en la *Lex Salica* como en la *Lex Ripuaria*, por poner un ejemplo.[3]

Otro caso en el que vemos a un aristócrata merovingio al mando de un ejército para detener un ataque es el de la incursión de los daneses a la Galia, liderados por Chlochilaich:

> Cuando Teodorico escuchó que su tierra había sido invadida por extranjeros, envió a su hijo Teodoberto hacia aquellas partes con un poderoso ejército y todo el equipamiento necesario. El rey danés fue asesinado, la flota enemiga fue derrotada en una batalla naval y todo el botín fue traído de vuelta a la costa una vez más.[4]

En este caso, el hijo de Teodorico se puso al mando de un ejército que encaró a un grupo que estaba ocasionando estragos. Podemos entender, así, que más allá de que la función guerrera era un elemento esencial de legitimación de la monarquía merovingia, los miembros de esta familia gobernante, al menos en el siglo VI, aún tenían que demostrar su capacidad en el campo de batalla, comandando ejércitos y participando activamente en el combate. Otro ejemplo que podemos vincular a esta cuestión de la participación en las actividades guerreras es el del mismo Clovis en el contexto de la batalla de Vouillé:

> Entonces el rey mató al rey Alarico pero, mientras los godos huían, dos de los enemigos [los godos] se precipitaron súbitamente y golpearon al rey franco con [sus] lanzas en los costados [del rey]. Pero fue su coraza lo que lo salvó, junto con su caballo veloz, fue librado de perecer.[5]

En este caso, el mismo rey franco se encontraba combatiendo a caballo, y enfrentando a los soldados godos. Es de destacar la mención de Gregorio de que logró sobrevivir gracias a su coraza (*lurica*). Desde el

---

3   Véase, por ejemplo, los capítulos XIV y XLII de la *Lex Salica* y el capítulo LXVII de la *Lex Ribuaria*. Para estos textos legales, sigo las ediciones de Eckhardt, 1962 y de Buchner, 1964.

4   "Quod cum Theudorico nuntiatum fuisset, quod scilicet regio eius fuerit ab extraneis devastata, Theudobertum, filium suum, in illis partibus cum valido exercitu ac magno armorum apparatu direxit. Qui, interfectu rege, hostibus navali proelio superatis oppraemit omnemque rapinam terrae restituit". Gregorio de Tours, *Historia de los francos*, III.3. Para los *Decem Libri Historiarum*, sigo la edición de Krusch y Levison (1951).

5   "Porro rex, cum, fugatis Gothis, Alaricum regem interfecisset, duo ex adverso subito advenientes, cum contis utraque ei latera feriunt. Sed auxilio tam luricae quam velocis equi, ne periret, exemptus est". Gregorio de Tours, *Decem Libri Historiarum*, II.37.

     Fernando Ruchesi (ed.)

punto de vista de la estrategia, sería erróneo e incluso torpe, por parte de un líder, participar directamente del combate en lugar de dirigir el combate desde la distancia.[6] Sin embargo, la descripción cumple la función de señalar la habilidad del monarca, no sólo para derrotar a su homónimo (Alarico) sino también para hacer frente a dos soldados, resistir y escapar de esa situación de peligro.

La habilidad de liderazgo –y, por ende, de crear cohesión en determinadas situaciones– estaba relacionada con la capacidad de demostrar valor y habilidades para confrontar ciertas dificultades. Esta idea de valor y de hazañas marciales, y su manifestación por parte de una figura de autoridad para crear liderazgo, aparece de tanto en tanto en las fuentes documentales compuestas en los reinos merovingios.[7] Por ejemplo, en el capítulo 41 del *Liber Historiae Francorum*, el rey Clotario (613-629) derrota al *dux* sajón Bertoaldo, luego de acudir al campo de batalla en ayuda de su hijo Dagoberto:

El rey también estaba de pie allí equipado con su cota de malla, un casco sobre su cabeza cubierta de largo cabello blanco. Cuando el rey se quitó su casco y descubrió su cabeza, Bertoaldo lo reconoció (…) El rey… ingresó en el río Weser con su caballo más rápido y lo atravesó. Feroz como era de corazón, él persiguió a Bertoaldo. El ejército de los francos siguió al rey, nadando tras él (…) El brazo del rey, sin embargo, se volvió muy pesado debido a que vestía cota de malla. Pese a esto, el rey cargó contra Bertoaldo otra vez, matándolo, y sosteniendo su cabeza sobre su lanza. Entonces, él regresó a los francos. Y ellos, lamentándose –pues no sabían que el rey triunfó– habiéndolo visto, fueron regocijados con gran alegría (…).[8]

---

6   En este sentido, Goffart señala la ineptitud de los líderes francos, ya sean oficiales o reyes, para desempeñarse de manera adecuada, en términos estratégicos, durante el combate. Véase: Goffart, 2002: 373-374.

7   Aunque las historias descritas en estas fuentes no pueden ser consideradas como poesía heroica, como afirmó Goffart (2002), en algunas ocasiones hallamos rastros de este comportamiento marcial en las fuentes historiográficas, en relación a contextos militares.

8   "Rex quoque illuc stans, urica indutus, galea in capite crines cum canicie variatas obvolutas. Cumque discopertus a galea apparuisset caut regis, cognovit eum Bertoaldus (…) Rex… Wisra fluvium ingressus cum equo velocissimo, transnatavit. Fero ut erat corde, Bertoaldum persequebatur, Francorumque exercitus sequenter regem natantes (…) Erantque manus regis valde graves; erat enim rex luricatus. Consurgensque rex super eum et interficit ipso Bertoaldo sustullitque caput eius in conto reversusque est ad Francos. Illisque lugentibus, –nesciebant, quid regi contigisset,– viso eo, gavisi sunt

Como si se tratara de un ritual, luego de matar a Bertoaldo, Clotario regresó a su ejército sosteniendo la cabeza de su oponente con la punta de su lanza. Más allá del tono oscuro y dramático (Goffart, 2002: 378-379) estas descripciones nos muestran que la cohesión era construida por este tipo de performances llevadas a cabo por la autoridad secular, en determinados momentos, para demostrar fuerza y habilidad en las artes de la guerra. A pesar de los problemas de autoría que puede tener una fuente como el *Liber Historiae Francorum*, creemos que este tipo de narrativas, en las cuales un gobernante es caracterizado como regresando victorioso de un duelo contra un usurpador (o un rival político), demostrando su poder a través del sostenimiento de la cabeza de su enemigo muerto, eran una parte crucial en la construcción de cohesión y liderazgo entre las aristocracias laicas y los grupos guerreros durante la Temprana Edad Media. La imagen impactante de la cabeza del enemigo derrotado, si bien nos puede resultar cruel en la actualidad, probablemente habría representado el final de un problema y la legitimidad de un gobernante.[9]

Pero el fragmento nos dice algo más. El rey está persiguiendo él mismo a un adversario político, mientras carga con la fatiga de atravesar un pantano, equipado con armadura completa. Este acto de afrontar situaciones difíciles también puede llegar a fortalecer la moral de la aristocracia guerrera y la de los miembros del *exercitus*, puesto que el gobernante está mostrando el ejemplo que debía ser imitado. Además, Clotario está exhibiendo que él también es un guerrero capaz, y que no dudaría en soportar los agobios (y en compartir ese tipo de carga con sus seguidores armados) para derrotar a un enemigo.[10] Asimismo, el pasaje describe elementos de la vestimenta y armas de Clotario y también hace

---

gaudio magno". *Liber Historiae Francorum*, 41. Para el *Liber*, sigo la edición de Krusch, 1888.

9   Esta costumbre de sostener e, incluso, hacer desfilar las cabezas de enemigos derrotados era una tradición antigua, ya en uso en tiempos del Imperio romano tardío, aunque los detalles en las descripciones pueden variar. La práctica tenía el objetivo de advertir a posibles usurpadores, generales que desearan rebelarse o instigadores de no desafiar a la autoridad legítima. Debemos tener en Cuenta, por ejemplo, el caso de Gaïnas y cómo su cabeza fue enviada por Uldino al emperador Arcadio en 399. Además, el capítulo 38 del *Liber Historiae Francorum* describe cómo el rey Teodeberto fue asesinado y su cabeza colgada de las murallas de la ciudad de Colonia. Véase: *Liber Historiae Francorum*, 38. Para el caso de Gaïnas, véase: Liebeschuez, 1990.

10   El compartir las fatigas y adversidades por los generales cumplía una función importante en mantener la moral y la cohesión de los seguidores armados. Se trataba de un elemento crucial en la constitución de unidades en la época del ejército romano tardío. Véase: Southern y Dixon, 1997: 176; Phang, 2011: 240-241.

    Fernando Ruchesi (ed.)

mención a su cabellera larga y con canas debajo del yelmo (Diesenberger, 2013: 201). Estos elementos representan lo que podríamos considerar como símbolos asociados a un tipo de identidad, en este caso, la militar (Halsall, 2007: 102-103). Creemos que el uso y la demostración de estos factores habrían contribuido a la construcción de una identidad compartida por la clase guerrera en los reinos merovingios. Asimismo, dicha identidad y los símbolos asociados a ella se encuentran presentes en las narrativas historiográficas compuestas en la Galia merovingia. A través de la circulación de estas obras, las menciones y referencias a dichos símbolos se habrían extendido entre los séquitos cortesanos y grupos aristocráticos (laicos y eclesiásticos), llegando a los estratos más humildes que formaban parte de los *exerciti*, reforzando estas ideas.[11] En relación con ello, pese a que el autor anónimo del *Liber Historiae Francorum* tenía otros intereses y objetivos en mente en su agenda (Dörler, 2013: 42-43), las diversas menciones de equipamiento en este tipo de fuentes, en relación a personajes que habrían ejercido funciones administrativas, públicas o militares, no deben ser consideradas como mera coincidencia.

¿Cohesión entre pares?

Las fuentes narrativas de la época merovingia también ofrecen algunos ejemplos de lo que podríamos considerar como cohesión entre pares, esto es, cuando la cohesión se genera entre iguales (posiblemente, de manera momentánea), a fin de superar una dificultad que, en nuestro caso, podría estar representada por una medida política o por un contexto que no era favorable para estos individuos.[12] Como notaremos a continuación en los fragmentos que hemos analizado, los miembros de

---

11   Como señala Helmut Reimitz en relación a los *Decem Libri Historiarum*, la circulación de este tipo de textos habría comprendido una esfera pública amplia, a través de canales tales como sermones, discursos públicos, negociaciones legales en la corte, concilios, intercambios de cartas y mensajes de carácter más formal hacia reyes, aristócratas u oficiales. Véase: Reimitz, 2020: 459. Más allá de que el porcentaje de la población que contaba con habilidades de lectoescritura era muy reducido en el Occidente imperial y post-imperial tardoantiguo (Browning, 2000: 855-856), el caudal de volúmenes copiados en esta etapa puede hacernos reflexionar acerca de la difusión de estas narrativas e historias (Pohl, 2012: 351). Jamie Kreiner señala, asimismo, que dichas narrativas circulaban de otra manera: eran leídas en público y sus relatos se difundían, probablemente, entre los miembros de las aristocracias laicas y eclesiásticas (quienes habrían tenido acceso a estas descripciones), y entre sus seguidores. Véase: Kreiner, 2014: 13-14.

12   De acuerdo con Albrekt Christian Larsen, la *horizontal trust* que se desarrolla entre los ciudadanos es percibida como un recurso que permite a las sociedades superar los

la comunidad podrían unirse a sí mismos, por lo tanto, la cohesión no resultaba impuesta a la fuerza por una autoridad superior, ni era negociada como en un modelo *top to bottom*.[13]

El primer caso que podemos incluir en esta categoría es el de los seguidores de Childeberto II de Austrasia (575-596), en el contexto de su campaña contra Guntramn de Burgundia (561-592), que ya hemos analizado con anterioridad en este trabajo. Gregorio de Tours señala que la soldadesca que se encontraba bajo las órdenes de Childeberto comenzó a manifestarse debido a que no deseaba continuar llevando a cabo las políticas del obispo Egidio de Reims. De acuerdo con el testimonio del obispo de Tours, los guerreros tomaron las armas, durante una marcha nocturna, y comenzaron a amotinarse, pronunciando frases como "deberían ser alejados de la figura real aquellos que están traicionando su reino, reemplazados por la dominación de otra ciudad" (*Tollantur a faciae regis, qui regnum eius venundant, civitatis illius dominatione alteri subdunt*) o "Abajo con aquellos que entregan al pueblo del mismo príncipe a otra autoridad" (*populus ipsius principis alterius dicionibus tradunt*).[14] La demostración continuó hasta el amanecer, momento en que los soldados tomaron sus armas y procedieron hasta la tienda del monarca, a fin de asesinar a Egidio y otros de los consejeros de Childeberto. Al escuchar esto, el obispo logró escapar en su caballo. El motín finalizó y, de acuerdo al testimonio de Gregorio, no hubo muertos. Como señala Ian Wood, fue una de las pocas ocasiones en las que el ejército franco pudo contenerse a sí mismo, dado que gustaba de combatir (Wood, 1994: 93). De esta manera, podemos ver cómo surgió un sentimiento de camaradería entre los miembros del *exercitus* (Gregorio utiliza los términos *exercitus* y luego *minor populus* indicando, posiblemente, que se trataba de las tropas con

---

problemas básicos de la acción colectiva. Sobre el concepto de cohesión horizontal, véase: Larsen, 2013: 11.

13   En este punto, sigo los argumentos de Francesco Borri sobre el ejército romano de Italia en la época del Exarcado de Ravena. Véase: Borri (en prensa).

14   "Sed dum haec agerentur, Childeberthus rex cum exercito suo uno in loco resedebat. Nocte autem quadam commutus exercitus, magnum murmur contra Egidium episcopum et ducibus regis minor populus elevavit ac vocifrare coepit et publicae proclamare: 'Tollantur a faciae regis, qui regnum eius venundant, civitates illius domination alteri subdunt, populus ipsius principis alterius dicionibus tradunt'. Dum haec et his similia vociferando proferrent, facto mane, adpraehenso armorum apparato, ad tentorium regis properant, scilicet ut adpraehensis episcopum vel senioribus vi obpraemerent, verberibus adficerent, gladius lacerarent. Quod conperto, sacerdus fugam iniit, ascensoque equitae, ad propria tendit…". Gregorio de Tours, *Decem Libri Historiarum*, VI.31.

                              Fernando Ruchesi (ed.)

origen más humilde) motivados para cumplir una meta común, esto es, dar muerte al prelado Egidio.[15] Más allá de su fracaso, lograron que este último huyese, con lo cual alejaron su influencia sobre Childeberto. Se trataría de una victoria parcial, pero una victoria para ellos, a fin de cuenta. De esta forma, la cohesión social en el grupo guerrero se formaba a partir del *esprit de corps* de los combatientes mismos.

Otro ejemplo que podemos considerar como ilustrativo de la cohesión horizontal es el de los aristócratas francos del capítulo 43 del *Liber Historiae Francorum*. El pasaje describe los problemas ocasionados tras la muerte del rey Sigiberto (633-656) de Austrasia y la deposición de su hijo Dagoberto por el *maior domus* Grimoaldo:

> …habiendo fallecido el rey Sigiberto, Grimoaldo hizo tonsurar a su joven hijo [de Sigiberto], que era llamado Dagoberto, y le ordenó a Didon, el obispo de la ciudad de Poitiers, que lleve al niño en una peregrinación a Irlanda. Entonces Grimoaldo puso a su propio hijo en el trono. Los francos estaban muy indignados acerca de esto y prepararon una emboscada para Grimoaldo. Ellos lo tomaron y lo enviaron a Clovis, el rey de los francos, para ser condenado. En la ciudad de Paris, él [Grimoaldo] fue puesto en prisión, atado fuertemente con la tortura de las cadenas puesto que él era digno de morir como uno que había herido a su señor. Su muerte llegó con un gran caudal de tortura.[16]

El autor anónimo no especifica quiénes eran estos francos (*Franci itaque valde indignantes*), aunque uno puede suponer que se trataba de los *leudes* o, al menos, miembros de la aristocracia secular (Fouracre y Ger-

---

15   De acuerdo con el Oxford Dictionary of Late Antiquity, Egidio fue un obispo que llegó a ejercer gran influencia en los círculos cortesanos de Austrasia, especialmente durante la minoría de edad del rey Childeberto II, momento en que promovió una alianza con Chilperico de Neustria. Fue acusado de traición y, con ello, fue depuesto de su dignidad. Debemos ser conscientes de que esta historia habría tenido el objetivo de desprestigiar a Egidio, puesto que fue un colaborador del rey Chilperico, figura muy criticada por Gregorio de Tours. Véase: Nicholson, 2018: 525.

16   "…defuncto Sighiberto rege, Grimoaldus filium eius parvolum nomine Daygobertum totundit Didonemque Pectavensem urbis episcopum in Socia peregrinandum eum direxit, filium suum in regno constituens. Franci itaque hoc valde indignantes, Grimoaldo insidias preparant, eumque exementes, ad condempnandum rege Francorum Chlodoveo defeerunt. In Parisius civitate in carcere mancipatus, vinculorum cruciatu constrictus, ut erat morte dignus, quod in domino suo exercuit, ipsius mors valido cruciatu finivit". *Liber Historiae Francorum*, 43.

berding, 1996: 79-80; Wood, 1994: 257).[17] Ellos enviaron a Grimoaldo con Clovis II (639-657), quien lo condenó y más tarde fue ejecutado. En este ejemplo, la aristocracia debía encarar un problema que podría haber interferido con sus intereses, esto es, la deposición de un heredero legítimo al reino que les era favorable a raíz de su minoría de edad (y, por ende, las posibilidades para manipular al gobernante y obtener beneficios de esta manera). El hecho de que estos francos decidieran unirse y complotar contra Grimoaldo nos da a entender que este caso puede ser considerado como uno de cohesión horizontal o entre pares: esto es, la voluntad para encarar una dificultad emergió desde el interior del grupo, y no se trató de algo impuesto por una figura superior de autoridad.

El Segundo ejemplo del *Liber Historiae Francorum* es el del capítulo 45, que describe la elección de Ebroino como *maior domus*:

> En esta época, habiendo perecido el maior Erchinoaldo, los francos, vacilando en incertidumbre decidieron, en consejo, establecer a Ebroino en el elevado honor de maior domus de palacio en la corte del rey (…) En este momento, los francos que eran hostiles a Ebroino le prepararon una emboscada. Se alzaron contra Teuderico y lo destituyeron. Arrastrándolo por la fuerza, ellos tonsuraron a Ebroino y lo enviaron al monasterio de Luxeuil en Burgundia (…).[18]

De manera similar al caso anterior, una facción de la aristocracia franca se reunió y complotó contra la designación de este Ebroino, a quien tonsuraron luego de darle captura y finalmente lo enviaron a un monasterio.[19] Así, lo reemplazaron por figuras favorables a sus intereses (Childerico II y su consejero, el protector Wulfoaldo). La cohesión entre

---

17 De acuerdo con Nicholson (2018: 902), en el contexto de los reinos merovingios, los *leudes* eran magnates que se hallaban vinculados a la monarquía merovingia por juramentos, y que tenían a su mando séquitos armados. Véase, además: James (1988: 91), Wood (1994: 57).

18 "Eo tempore, defuncto Erchonoldo maiorum domo, Franci in incertum vacellantes, prefinito consilio, Ebroino huius honoris altitudine maiorum domo in aula regis statuunt (…) Eo tempore Franci adversus Ebroinum insidias preparant, super Theudericum consurgunt eumque de regno deiciunt, crinesque capitis amborum vi abstrahentes, incidunt. Ebroinum totundut eumque Luxovio monasterio in Burgundia dirigunt…". *Liber Historiae Francorum*, 45.

19 Ebroino fue el *major domus* de Neustria durante el período 657-680, durante los reinados de Clotario III (657-673) y comienzos del gobierno de Teodorico III (679-691). Fue una figura controversial que se vio envuelta en ardides para conseguir el poder en Neustria y así expandirlo al resto de las *Teilreiche*. Ejerció su influencia sobre estos monarcas y, asimismo, restringió privilegios a la aristocracia. Fue derrocado alrededor de 673,

    Fernando Ruchesi (ed.)

pares surgió, en este episodio, cuando un grupo de la aristocracia sintió que un nuevo gobernante (o *maior domus*) no se encontraba alineado con sus intereses.

Finalmente, la Crónica de Pseudo-Fredegario describe un episodio análogo: los guerreros subordinados a Teoderico II (587-613). El autor menciona que estos combatientes no deseaban luchar contra las fuerzas de Teodeberto II de Austrasia (*Teudericus cum exercito castra metasset ortabatur a leudibus suis ut cum Theudeberto pacem iniret*). Dado que la petición no fue aceptada, optaron por atacar a Protadio, *maior* de palacio, quien se encontraba detrás de la planificación de la campaña: "En ese momento, todos [los miembros] del ejército de Teodorico encontraron la oportunidad de derrotar a Protadio, diciendo que era mejor que pereciese un solo hombre que poner en peligro a todo el ejército".[20] El relato concluye con el asesinato del mencionado Protadio, por parte de los soldados, quienes recibieron la ayuda del *dux* Uncelen en este ardid.[21] Este ejemplo resulta interesante porque nos da a entender que habría existido un sentimiento de compañerismo entre los guerreros de condición social baja, más allá de que el autor de la crónica utilizase el término genérico *exercitus*, distinguiendo entre este cuerpo y los *leudes*. Por consiguiente, estos combatientes decidieron unirse para hacer el pedido al rey para no combatir contra los austrasianos al mando de Teodeberto. Como podemos observar se trata, una vez más, de una cohesión que surgió entre los integrantes del cuerpo armado, que no fue forzada ni fue el resultado de políticas o decisiones implementadas por el rey o los círculos aristocráticos asociados a él.

---

habiendo sido tonsurado y enviado a un monasterio. Regresó un par de años más tarde y logró hacerse con el poder hasta su muerte en 680. Véase: Nicholson, 2018: 515.

20   "Tunc omnes exercitus Teuderici inuenta occasione supra Protagio inruunt, dicentes melius ese uno hominem moriturum quam totum exercitum in periculum missum". *Crónica de Fredegario*, IV.27.

21   "Cum eum undique iam exercitus circumdasset et Teudericum leudis suae tenebat ne illuc adgrederit, misit Vncelenum ut suae iussionis uerbum nunciaret exercitum ut se de insidias Protadie remouerint. Vncilenus protinus ad exercitum nuncians dixit: 'Sic iobet domnus Theudericus, ut interficiatur Protadius'. Inruentes super eum, tentorium regis gladio undique incidentis, Protadium interficiunt". *Crónica de Fredegario*, IV.27.

La cohesión social y los símbolos asociados a ella

La cohesión social también era reforzada por otro factor: la exhibición de una identidad guerrera o militar. Esta identidad era el resultado del desarrollo de valores compartidos entre los seguidores armados de los reyes u oficiales reales. Dado que estos conjuntos probablemente compartieran memorias y recuerdos de su participación en campañas, como también acerca del compartir fatigas y la experiencia misma de la guerra, habrían deseado diferenciarse de otros grupos sociales como oficiales seculares, miembros del clero, campesinos o artesanos. De esta forma, el portar ciertos símbolos y el desarrollo de determinados rituales, habrían contribuido a la construcción de identidad, lo cual a su vez habría mantenido a estos individuos juntos.[22]

Algunos rastros de la exhibición de esta identidad pueden ser hallados tanto en fuentes narrativas como legales. En ciertas ocasiones, las caracterizaciones consisten, básicamente, en descripciones del equipamiento militar, como también de rituales en los que se empleaban estos símbolos. En el caso de los francos, las fuentes textuales mencionan, a menudo, armas y vestimenta militar. Por ejemplo, en relación a Clovis, las *Historias* de Gregorio de Tours lo describen llevando el hacha y señalan la manera en que la utilizaba para matar a sus enemigos, a aquellos que se oponían a él delante de su ejército reunido. Este es el caso de las muertes de Ragnachar (el líder local en la región de Cambrai y pariente del mismo Clovis):

> «¿Por qué has humillado a nuestro pueblo al dejarte vencer?» preguntó [Clovis]. «Habría sido mejor para ti, en verdad, haber muerto en combate». Y habiendo levantado su hacha, dividió su cabeza [de Ragnachar]. Entonces se volvió hacia su hermano [Ricchar] y dijo: «si tu hubieses brindado apoyo a tu hermano, ciertamente él no hubiese sido atrapado de esta manera», y entonces lo mató [a Ricchar], de manera similar, golpeándolo con el hacha.[23]

---

22   En este punto, seguimos las consideraciones de T. S. Brown sobre el ejército romano de Italia en el período del exarcado de Ravena. Vale señalar que, si bien no podemos comparar directamente dicho cuerpo castrense con los ejércitos merovingios, creemos que habrían existido algunas similitudes en lo que respecta al modo en que estos grupos construían sus identidades. Véase: Brown, 1984: 92-93.

23   "«Cur», inquid, «humiliasti genus nostrum, ut te vincere permitteris? Melius enim tibi fuerat mori». Et elevatam securem capite eius defixit, conversusque ad fratrem eius, ait:

        Fernando Ruchesi (ed.)

Un caso similar es el de aquel guerrero franco que había desafiado la autoridad del mismo Clovis, en relación al vaso votivo que había sustraído de una iglesia:

Al final de ese año, [Clovis] ordenó a la falange completa con equipamiento militar reunirse en el campo [para examinar] el buen estado de su equipamiento. El rey caminó alrededor y llegó al que había golpeado el jarrón. 'Nadie porta equipamiento tan descuidado como tú, dijo él (…) Y tomando el hacha de él, lo arrojó al suelo. Pero él [el soldado] se había inclinado un poco para recogerlo, el rey, elevando sus manos, partió su cabeza con su hacha. 'Esto es lo que tú hiciste a mi jarrón en Soissons', gritó Clovis.[24]

Recordemos, asimismo, el conocido episodio de la aclamación de este mismo soberano en Tours, en el que es descrito vistiendo vestimenta militar tardo-romana (el *chlamys*, la diadema y la túnica púrpura).[25] Y otro ejemplo similar sería el de Clotario II (613-629) en su persecución para matar a Bertoaldo, que ya hemos analizado con anterioridad. Una vez más, el equipamiento militar es mencionado y descrito en detalle por el autor anónimo que compuso esta obra durante la primera mitad del siglo VII.[26]

Además, debemos tener en cuenta que, si bien estos signos de una identidad guerrera eran una marca de la aristocracia laica, no eran privativos de la familia real merovingia. Por ejemplo, Gregorio de Tours nos proporciona una descripción del conde Leudast:

Quien recibió el cargo de conde, como mencionamos, y él era tan engreído que ingresaba a la iglesia con coraza y además cota de malla,

---

«Si tu solatium fratri tribuissis, allegatus utique non fuisset»; similiter et hunc secure percussum interfecit". Gregorio de Tours, *Decem Libri Historiarum*, II.42.

24 "Transacto vero anno, iussit omnem cum armorum apparatu advenire falangam, ostensuram in campo Marcio horum armorum nitorem. Verum ubi cunctus circuire diliberat, venit ad urcei percussorem; cui sit: 'Nullus tam inculta ut tu detulit arma; nam neque tibi hasta neque gladius neque securis est utilis'. Et adpraehensam securem eius terrae deiecit. At ille cum paululum inclinatus fuisset ad collegendum, rex, elevates manibus, securem suam capite eius efixit. 'Sic', inquiid, 'tu Sexonas in urceo illo fecisti'". Gregorio de Tours, *Decem Libri Historiarum*, II.27.

25 Gregorio de Tours, *Decem Libri Historiarum*, II.38. Sobre la aclamación, véase el clásico trabajo de McCormick, 1986: 335-337.

26 "Rex quoque illuc stans, lurica indutus, galea in capite crines cum canicie variatas obvolutas". *Liber Historiae Francorum*, 41.

ceñido de carcaj y portando su jabalina en mano, y llevando yelmo en su cabeza.[27]

El cabello es otro elemento vinculado a la identidad guerrera. Un ejemplo de ello es el caso de Gundavaldo, aparentemente, el hijo de Clotario I (511-558), que migró desde Galia a Constantinopla (*Historia Francorum*, VI.24). En estas historias, el cabello es el símbolo que representa a esta identidad militar como también a la autoridad monárquica (el fragmento sobre el rey Clotario II menciona su cabello largo y blanco). A Gundavaldo le cortaron el cabello dos veces antes de viajar a Oriente:

> …cuando el rey Clotario escuchó las noticias, envió mensajeros a su hermano para decirle: 'renuncia a mi muchacho y envíamelo'. [Childeberto] inmediatamente envió el chico a su hermano. Habiéndolo observado, Clotario ordenó que le corten el cabello de su cabeza, diciendo 'A este no lo he engendrado'. Luego de la muerte del rey Clotario, [Gundovaldo] fue recibido por el rey Cariberto. Más tarde, fue invocado por Sigiberto [e hizo] que le corten el cabello una segunda vez, enviándolo a la ciudad de Agrippinensis, que ahora es conocida como Colonia.[28]

En este caso en particular, esta era una manera de mantener a Gundavaldo alejado de los derechos al trono, puesto que no era reconocido por los monarcas merovingios.[29] Al contrario, era considerado como un usurpador que había venido a la Galia con el apoyo de Constantinopla (es lo que señala Gregorio de Tours en VI.24). Sin embargo, otro capítulo describe a Gundavaldo siendo proclamado rey por algunos miembros de la aristocracia franca y el ejército que él mismo había reunido. Esto fue

---

27   "Qui, adsumpto, ut diximus, comitatu, in tali levitate elatus est, ut in domo ecclesiae cum toracibus atque loricis, praecinctus pharetra et contum namu gerens, capite galeato ingrederetur"). Gregorio de Tours, *Decem Libri Historiarum*, V.48.

28   "Nuntiatur haec regi Chlothario, misitquae fratri nuntius, dicens: 'Dimitte puerum, ut veniat ad me'. Ne moratus ille iuvenem fratri direxit. Quo viso, Chlotharius iussit tundi comam capitis eius, dicens: 'Hunc ego non generavi'. Igitur post Chlothari regis obitum a Charibertho rege susceptus est. Quem Sigyberthus arcessitum iterum amputavit comam capitis eius et misit eum in Agripinensim civitatem, quae nunc Colonia dicitur". Gregorio de Tours, *Decem Libri Historiarum*, VI.24.

29   Sobre la cuestión de Gundovaldo, las causas de su intento de usurpación motivadas por parte de la aristocracia de los reinos merovingios, véase: Goffart, 2012: 26. Maximilian Diesenberger analizó en profundidad el simbolismo del cabello largo de los merovingios en Diesenberger, 2003: 200-201.

          Fernando Ruchesi (ed.)

llevado a cabo a través de un ritual en el que el desfile sobre un escudo tenía una función importante:

> …Allí… [Gundavaldo] fue nombrado rey. Mientras que ellos lo [llevaban] en círculo por tercera vez, se tropieza, y tuvo gran dificultad en mantenerse en pie con las manos. Entonces iba por las civitates marchando en círculo.[30]

Esto fue probablemente un intento, por parte de los seguidores de Gundavaldo, de equipararlo a Clovis I, puesto que Gregorio describe su aclamación como rey en tonos similares. Este evento tuvo lugar luego de la muerte de Sigeberto y de su hijo. En ese momento, Clovis pronunció un discurso al pueblo de Colonia. El obispo de Tours describió que: "Aquellos que lo habían oído, golpeando los escudos como gritando, ellos lo convirtieron en su rey, levantándolo [a Clovis] sobre un escudo".[31] Las historias de Gregorio de Tours también presentan otras alusiones al ritual de la aclamación de un soberano sobre un escudo, por ejemplo, la de Sigiberto en Vitry (momentos antes de su asesinato).[32]

El escudo no era solamente un instrumento de la clase guerrera. Se trataba, asimismo, de un antiguo símbolo de la identidad militar, y su uso fue extendido por el ejército romano. Guy Halsall sugiere que esta costumbre de elevar a un líder sobre un escudo se originó en el ejército romano tardío (Halsall, 2006: 489-490). A este respecto, uno puede señalar que los orígenes de los francos como *foederati* son remarcados en estos casos: ellos podrían haber tomado este simbolismo a partir de sus contactos con la instrucción militar romana. A su vez, podemos afirmar que el obispo de Tours basó esta descripción, probablemente, en textos previos compuestos por autores tardo-imperiales que describen ceremonias similares de aclamación. Amiano Marcelino, por ejemplo, describió la aclamación de Juliano el Apóstata como emperador, en tonos

---

30 "Qui… rex est levatus. Sed cum tertio cum eodem girarent, cecidisse fertur, ita ut vix manibus circumstantium sustentare potuisset. Deinde ibat per civitates in circuitu positas". Gregorio de Tours, *Decem Libri Historiarum*, VII.10.

31 "At ille ista audientes, plaudentes tam parmis quam vocibus, eum clípeo evectum super se regem constituunt". Gregorio de Tours, *Decem Libri Historiarum*, II.40.

32 "Veniente autem illo ad villam cui nomen est Victuriaco, collectus est ad eum omnis exercitus, impositumque super clypeum sibi regem statuunt. Tunc duo pueri cum cultris validis, quos vulgo scramasaxos vocant, infectis vinino, malificati a Fredegundae regina, cum aliam causam suggerire simularent, utraque ei latera feriunt". Gregorio de Tours, *Decem Libri Historiarum*, IV.51.

similares. Amiano señala que el emperador fue elevado en un escudo por los guerreros y fue aclamado augusto por todos. De acuerdo con Hans Teitler (2002: 501, 506), era el primer emperador romano en participar de este ritual.

Finalmente, el escudo como un símbolo de la identidad de los grupos guerreros laicos también está presente en las fuentes legales, en relación a ciertos procedimientos. El capítulo XXX de la *Ley Sálica* hace mención a la pena por acusación falsa de alguien que haya arrojado su escudo y huido.[33] Asimismo, este objeto formaba parte de algunos procesos judiciales: el mismo código legal señala que un hombre debía portar escudo para contraer matrimonio con una viuda.[34] Ello nos hace reflexionar acerca de la existencia de una identidad guerrera, atestiguada en este tipo de documentación, como también de la importancia del escudo como un requisito para la participación en ciertos actos de la vida social, por parte de los grupos laicos.

Las armas, por su parte, también son atestiguadas en las leyes sálicas, ripuarias y de los alamanes. Son requeridas a la hora de llevar a cabo juramentos: el que debe jurar, debe ir acompañado de *juradores* (*iuratores*), quienes deben portar armas al momento de realizar el proceso.[35] En el caso del *Pactus Alamannorum*, quien negaba haber matado a un hombre, debía jurar sobre sus armas, en presencia de los juradores.[36] En todos estos casos, los compiladores recurrieron al término genérico *arma*.

Otro elemento vinculado al ámbito militar y a su identidad es el del cinturón. Se trata de otro indicador de identidad que los francos probablemente tomaron del ejército romano tardío, puesto que en los siglos IV y V, el cinturón indicaba el rango imperial de los oficiales militares y

---

33   "Si quis [homo ingenuus] alteri inputauerit, quod scutum suum iactasset, [et fuga lapsus fuisset] et [ei] non potuerit adprobare, [mallobergo austrapo], CXX denarios qui faciunt solidos III culpabilis iudicetur". *Lex Salica*, XXX,6.

34   "Sicut adsolit homo moriens et uidam dimiserit qui eam uoluerit accipere, antequam sibi couplet ante thunginum aut Centenario hoc est ut thunginus aut centenaries mallo indicant. Et in ipso mallo scutum habere debet. Et tres homines tres causas demandare debent". *Lex Salica*, XLIV,1.

35   "…Sin autem nec sic satisfecerit, tunc secundum in praesentia iudicis vel secundum terminationem, sextam iuratorum suorum, cum dextera armata tam priore quam posteriore sacramentum in praesentia iudicis confirmare studeat…". *Lex Ribvaria*, LXIX. Sigo la edición de Beyerle y Buchner, 1954.

36   "Si quis hominem occiderit et negare voluerit, cum 11 nominatos iuret et alios tantos advocatos in arma sua sacrata". *Pactus Alamannorum*, LXXXVI,1. Sigo la edición crítica de Lehmann, 1966.

                                            Fernando Ruchesi (ed.)

civiles.[37] De acuerdo con Guy Halsall, la identidad militar experimentó cambios en el imperio tardío, puesto que, como influencia (o consecuencia) de la separación de las ramas militar y civil de la burocracia, como también de la *barbarización* progresiva del ejército romano tardío, este cuerpo castrense adoptó rasgos de la *identidad bárbara*, para diferenciarse de las otras ramas del servicio.[38] En el caso de las fuentes compuestas en el período merovingio, hallamos algunas menciones sobre el cinturón. Gregorio de Tours empleó términos como *cingulum* y *balteus*. El libro X incluye la descripción de un duelo en relación al status de un tal Chundo: su sobrino portaba una espada en su cinturón: *puer vero, extracto cultro, qui de cingulo dependebat*.[39] En otro pasaje, el patricio Mummolus le sugiere a Gundavaldo que se quitase el cinturón, a fin de que no lo descubriesen: *nunc autem depone balteum meum aureum*.[40] Finalmente, en otros episodios de los *Decem Libri* volvemos a encontrar la asociación de este *cingulum* o *balteum* con los miembros de la aristocracia, generalmente, en contextos de intercambio: en VII.15, la reina Fredegunda despojó a un funcionario de palacio del *balteus* que Chilperico le había regalado, en un ataque de ira.[41] Y en II.42, Clovis I engaña a los seguidores de Ragnachar para que lo capturen, otorgándoles *baltei*.[42]

---

37 De acuerdo con Stefanie Hoss, el cinturón militar romano puede ser definido como un objeto simbólico, tanto un artículo de vestimenta como una pieza del equipamiento militar, algo que distinguía al soldado de los civiles y lo convertía en *miles*. Véase: Hoss, 2012: 30. En el imperio tardío, los burócratas también utilizaban un uniforme que los distinguía. Según Christopher Kelly, estaba compuesto por una capa militar pesada (*chlamys*) y un cinturón que indicaba su puesto (*cingulum*), entre otros elementos. Véase: Kelly, 2008: 168.

38 El mismo Halsall indica, además, que se trataría de una inversión del ideal masculino. Es decir, a pesar de que el ejército adoptó los mencionados rasgos de la identidad bárbara, las élites civiles aún veían dichos rasgos (lo salvaje, lo feroz, lo irracional) como femeninos y, por ende, indicadores de debilidad y de carencia de civilización. Véase: Halsall, 2020: 168-169. Sobre los caracteres de la masculinidad romana y sus cambios en la Antigüedad tardía, véase: Stewart, 2016.

39 Gregorio de Tours, *Decem Libri Historiarum*, X.10. En *Gloria a los mártires* también hay una mención a un *cingulum* portando un cuchillo: "*Quod dum conplet senior, hic inter conpraementes turbas manum alterius extendit ad balteum cultrumque furavit*". Véase: Gregorio de Tours, *Gloria a los mártires*, 25. Sigo la edición de Krusch, 1888.

40 Gregorio de Tours, *Decem Libri Historiarum*, VII.38.

41 "Haec illa audiens furore commota, iussit eum in ipsa aeclesia spoliare nudatumque vestimentis ac balteo, quod ex munere Chilperici regis habebat, discedere a sua iube praesentia". Gregorio de Tours, *Decem Libri Historiarum*, VII.15.

42 "Unde factum est, ut, datis aureis sive armellis vel baltheis, Chlodovechus, sed totum adsimilatum auro –erat enim aereum deauratum sub dolo factum– haec dedit leudibus eius, ut super eum invitaretur". Gregorio de Tours, *Decem Libri Historiarum*, II.42.

La legislación canónica de los francos, por su parte, también atestigua la existencia y el uso del *cingulum*, aunque no sea en un contexto referido al *exercitus*. El canon XIII del Concilio de Clermont (535) describe un *cingulum militare* en relación a la vestimenta de los clérigos:

Hemos encontrado algunos que, inflamados por el ardor de la lujuria, se quitaron el cinturón militar y, regresando a los vómitos primitivos, han incurrido de nuevo en matrimonio indecente y además violaron el honrado honor del sacerdocio por un crimen como el del incesto, y ellos incluso engendraron hijos.[43]

En esta ocasión, el *cingulum* también formaba parte de la identidad de los clérigos, más allá de que originalmente perteneciese al ámbito militar. También encontramos un ejemplo paralelo en el quinto canon del Concilio de Macon (583):

Ningún clérigo debería portar túnicas u otras vestimentas o calzado seculares, a menos que fuesen adecuados con la religión. Si después de esta definición un clérigo es hallado usando vestimenta inaceptable o [llevando] armas, él sea castigado con el encierro por treinta días por sus superiores, manteniéndose sólo con agua y un modesto [trozo de] pan por día.[44]

Como podemos apreciar, existía, aparentemente, una intención de separar –al menos, en el ámbito legal– las funciones de los religiosos de los laicos. En este sentido, estas descripciones de las fuentes canónicas contemplan la prohibición de tomar armas, por parte de los clérigos, puesto que formaban parte de la esfera secular. De tal manera, los cánones, recurriendo a terminología que podríamos etiquetar como "castrense" (*cingulum militare, arma*), nos dan a entender que eran elementos del

---

43 "Quosdam repperemus ardore liudinis inflammaus abiecto militiae cingulo uomitum pristinum et inhebeta rursus coniugia repetisse adque incesti quodammodo crimine clarum decus sacerdotii iolasse, quod nati etiam filii prodederunt". *Clermont* I, 13. Sigo la edición crítica de Clercq, 1963.

44 "Ut nullus clericus sagum aut uestimenta uel calciamenta saecularia, nisi quae religionem deceant, induere praesumat. Quod si post hanc definitionem clericus aut cum indecenti ueste aut cum arma inuentus fuerit, a seniorebus ita coherceatur, ut triginta dierum conclusion detentus aquam tantum et modeci panis usu diebus singolis sustentetur". *Macon* II, 5. Otros cánones similares fueron emitidos en la segunda mitad del siglo VII, específicamente, en el Concilio de Bordeaux (662-675) y en el de Saint Jean de Losne. Véase: *Bordeaux* I, 1, *Saint Jean de Losne* I, 2. Para los concilios merovingios, sigo la edición de Clercq, 1963.

Fernando Ruchesi (ed.)

ámbito militar y, por ende, asociados a una identidad guerrera a la que los religiosos no podían ni debían acceder, más allá de que el *cingulum*, en este contexto, también señalaba la pertenencia al clero.

Consideraciones finales

Como pudimos apreciar a lo largo de este trabajo, en el contexto de las aristocracias laicas y su vinculación con la actividad guerrera, la cohesión social podía ser construida de diversas maneras. Podía ser generada por la autoridad o sus representantes, es decir, los soberanos y aristócratas, a través de determinados elementos, performances y rituales. Estos elementos eran el uso de la violencia y la distribución de la riqueza o símbolos asociados a ella (adornos ostentosos, etc.), para mantener la lealtad de los seguidores armados. Las performances y rituales consistían en actos en los cuales la autoridad demostraba su liderazgo y su capacidad de tomar decisiones, como también su habilidad para conseguir la victoria en el campo de batalla. Por lo general, estas demostraciones estaban cargadas de simbolismos vinculados a la identidad guerrera y a la violencia en sí.

Este tipo de acciones estaban orientadas por los grupos gobernantes y sus allegados, como hemos mencionado, con lo cual, el modelo de cohesión social era vertical, y generalmente era impuesto sobre el resto de los combatientes o subalternos. En contraposición, en algunas situaciones eran los hombres libres y dependientes que no formaban parte de los círculos más pudientes o influyentes de la sociedad –como los *leudes* y aristócratas como *duces* o *comites*– los que se unían para poder solventar un problema o sortear una adversidad. Se trata, como mencionamos, de casos en los que surgía una cohesión horizontal entre estos individuos, con lo cual la unión tenía el objetivo de resolver un problema o mejorar su situación personal inmediata. Hemos analizado ejemplos de soldados que se unieron para pedirle a Childeberto II que detenga la guerra contra los austrasianos. Este sentimiento, que podríamos caracterizar como de camaradería, también formaba parte de los modos de actuar de las aristocracias: los francos podían coligarse para destituir a algún oficial (civil o militar) adverso a sus intereses o a los de la monarquía, como ocurrió con los *maiores* de palacio Grimoaldo o Ebroino.

Finalmente, estos procesos de construcción de cohesión estaban vinculados a estereotipos y señas de identidad. Como hemos indicado, las fuentes del período describen la existencia y uso de armas y vestimentas militares, por parte de los monarcas o aristócratas, en determinadas ocasiones. Caracterizan, asimismo, ciertos rituales que eran llevados a cabo en situaciones especiales: en estos episodios, los protagonistas eran retratados, generalmente, equipados con este tipo de objetos.

De cualquier manera, aún hay mucho por analizar y comparar, en relación a las fuentes, para tratar de construir una imagen más completa sobre cómo funcionaba la cohesión social y cuál era el grado de influencia de la identidad militar ante los distintos grupos sociales, en el contexto de determinadas situaciones.

Bibliografía

Fuentes

KRUSCH, B. (ed.) (1951), "Gregorius Turonensis. Decem Libri Historiae", en Krusch, B. y Levison, W. (eds.) *Gregorii Episcopi Turonensis Historiarum Libri X*, MGH, SRM T I, P I. Hannover: Impensis Bibliopolii Hahniani.

KRUSCH, B. (ed.) (1888), "Liber in Gloria Martyrum", en Krusch, B. (ed.), *Gregorii Episcopi Turonensis. Miracula et Opera Minora*, MGH, SRM T 1 P 2, Hannover: Impensis Bibliopolii Hahniani.

BEYERLE, F. y BUCHNER, R. (eds.) (1954), *Lex Ribvaria*, MGH, LNG T 3 P 2, Hannover: Impensis Bibliopolii Hahniani.

KRUSCH, B. (ed.) (1888), *Liber Historiae Francorum*, en *Fredegarii et aliorum chronica. Vitae Sanctorum*, MGH, SRM T 2. Hannover: Impensis Bibliopolii Hahniani.

ECKHARDT, K. A. (ed.) (1962), *Pactus Legis Salicae*, MGH, LNG T 4 P 1. Hannover: Impensis Bibliopolii Hahniani.

DE CLERCQ, C. (ed.) (1963), *Concilia Galliae A. 511 – A. 695*, Corpus Christianorum Series Latina CXLVIII A. Turnhout: Brepols.

LEHMANN, K. y ECKHARDT, K. A. (eds.) (1966), *Leges Alamannorum*, MGH, LNG T 5 P 1. Hannover: Impensis Bibliopolii Hahniani.

Bibliografía específica

BORRI, F. (en prensa), "Join the Legion! Hegemony, Defiance and Solidarity in the Imperial Army of Italy (590-727)", en Fischer, A. y Pohl, W., *Social Cohesion, Breaks and Transformations*.

BROWNING, R. (2000), "Education in the Roman Empire", en Cameron, A., Ward-Perkins, W. y Whitby, M., *The Cambridge Ancient History Volume XIV. Late Antiquity: Empire and Successors, A.D. 425-600*, Cambridge: Cambridge University Press.

Chrysos, E. (2002), "The Empire, the *Gentes* and the *Regna*", en Goetz, H. W., Jarnut, J. y Pohl, W. (eds.), *Regna and Gentes. The Relationship between Late Antique and Early Medieval Peoples and Kingdoms in the Transformation of the Roman World*, Leiden: Brill.

Diesenberger, M. (2003), "Hair, Sacrality and Symbolic Capital in the Frankish Kingdoms", en Corradini, R., Diesenberger, M. y Reimitz, H. (eds.), *The Construction of Communities in the Early Middle Ages. Texts, Resources and Artifacts*, Leiden: Brill.

Dörler, P. (2013), "The Liber Historiae Francorum – a Model for a New Frankish Self-Confidence", *Networks and Neighbours*, 1/1, pp. 23-43.

Elton, H. (1996), *Warfare in Roman Europe, AD 350-425*. Oxford: Clarendon Press.

Ewig, E. (2006), *Die Merowinger und das Frankreich*. Stuttgart: Kohlhammer.

Geary, P. (1988), *Before France and Germany. The Creation and Transformation of the Merovingian World*, Oxford: Oxford University Press.

Goffart, W. (2002), "Conspicously Absent: Martial Heroism in the Histories of Gregory of Tours and its Likes", en Mitchell, K. y Wood, I. (eds.), *The World of Gregory of Tours*, Leiden: Brill.

Goffart, W. (2012), "The Frankish Pretender Gundovald, 582-585. A Crisis of Merovingian Blood", *Francia: Forschungen zur westeuröpaischen Geschichte*, 39, pp. 1-27.

Halsall, G. (2007), *Barbarian Migrations and the Roman West 376-568*, Cambridge: Cambridge University Press.

Halsall, G. (2020), "Gender in Merovingian Gaul", en Effros, B. y Moreira, I. (eds.), *The Oxford Handbook of the Merovingian World*, Oxford: Oxford University Press.

Halsall, G. (2002), "Nero and Herod? The Death of Chilperic and Gregory's Writings of History", en K. Mitchell & I. Wood (eds.), *The World of Gregory of Tours*, Leiden: Brill.

Hoss, S. (2012), "The Roman Military Belt", en Nosch, M. L. (ed.), *Wearing the Cloak: Dressing the Soldier in Roman Times*, Oxford: Oxbow Books, 2012.

James, E. (1988), *The Franks*, Oxford: Basil Blackwell.

Jones, A. H. M. (1964), *The Later Roman Empire. A Social, Economic and Administrative Survey*. Oxford: Basil Blackwell.

Kelly, C. (2008), "Emperors, Government, and Bureaucracy", en Cameron, A. y Garnsey, P. (eds.), *The Cambridge Ancient History. Vol. XIII: The Late Empire, A.D. 337-425*, Cambridge: Cambridge University Press.

Kreiner, J. (2014), *The Social Life of Hagiography in the Merovingian Kingdom*. Cambridge: Cambridge University Press.

Larsen, A. C. (2013), *The Rise & Fall of Social Cohesion: The Construction and Deconstruction of Social Trust in the US, UK, Sweden and Denmark*. Oxford, Oxford University Press.

Liebeschuetz, W. (1990), *Barbarians and Bishops. Army, Church, and State in the Age of Arcadius and Chrysostom*. Oxford: Clarendon Press.

MacMullen, R. (1963), *Soldier and Civilian in the Later Roman Empire*, Cambridge Massachusets: Harvard University Press.

Mathisen, R. y Shanzer, D. (eds.) (2012), *The Battle of Vouillé, 507 CE Where France Began*. Berlin: Walter de Gruyter.

McCormick, M. (1986), *Eternal Victory. Triumphal Rulership in Late Antiquity, Byzantium and the Early Medieval West*. Cambridge: Cambridge University Press.

Nicholson, O. (ed.) (2018), *The Oxford Dictionary of Late Antiquity*, Oxford: Oxford University Press.

Phang, S. E. (2008), *Roman Military Service. Ideologies of Discipline in the Late Republic and Early Principate*, Cambridge: Cambridge University Press.

Pohl, W. (2001), "History in Fragments: Montecassino's Politics of Memory", *Early Medieval Europe*, 10/3, pp. 343-374.

Pohl, W. (1992), "I Goti d'Italia e le tradizioni delle Steppe", en *Atti del XIII Congresso Internazionale di studi sull'Alto Medioevo*, Milán, pp. 227-251.

Pohl, W. (2018), "Social Cohesion, Breaks, and Transformations in Italy, 535-600", en Balzaretti, R., Barrow, J. y Skinner, P. (eds.), *Italy and Early Medieval Europe. Papers for Chris Wickham*, Oxford: Oxford University Press.

Reimitz, H. (2015), *History, Frankish Identity, and the Framing of Western Ethnicity, 550-850*. Cambridge: Cambridge University Press.

Reimitz, H. (2020), "The History of Historiography in the Merovingian Period", en Effros, B. y Moreira, I., *The Oxford Handbook of the Merovingian World*, Oxford: Oxford University Press.

Sarti, L. (2013), *Perceiving War and the Military in Early Christian Gaul (ca. 400-700 A.D.)*. Leiden: Brill.

Smith, A. (1981), "War and Ethnicity: The Role of Warfare in the Formation, Self-Images and Cohesion of Ethnic Communities", *Ethnic and Racial Studies*, 4/4, pp. 375-397.

Southern, P. y Dixon, K. R. (1996), *The Late Roman Army*, London: B. T. Batsford.

Stanley, D. (2003), "What Do We Know about Social Cohesion: The Research Perspective of the Federal Government's Social Cohesion Research Network", *The Canadian Journal of Sociology*, 28/1, pp. 5-17.

Stewart, M. E. (2016), *The Soldier's Life. Martial Virtues and Manly Romanitas in the Early Byzantine Empire*, Leeds: Kismet Press.

Teitler, H. (2002), "Rising on a Shield: Origin and Afterlife of a Coronation Ceremony", *International Journal of the Classical Tradition*, 8/4, pp. 501-521.

Weidmann, C. y Zürcher, N. (2014), "How Wartime Violence Affects Social Cohesion: The Spatial-Temporal Gravity Model", *Civil Wars*, 15/1, pp. 1-18.

Wood, I. (1994), *The Merovingian Kingdoms 4500-751*, Londres: Longman.

Fernando Ruchesi (ed.)

Capítulo III

La identidad cristiana en el Irán tardo-antiguo: entre la integración y la auto-exclusión

Héctor Francisco
IMHICIHU-CONICET/UBA

Introducción

La publicación del libro *The World of Late Antiquity* de Peter Brown (1971) constituyó un punto de inflexión en los estudios sobre el mundo posclásico. Como es bien sabido, la idea de Antigüedad Tardía comprendía una serie de conceptos que excedían la crítica a la periodización tradicional. Entre sus propuestas más potentes pueden indicarse la mirada enfocada en la continuidad más que en la ruptura y el énfasis en la importancia del factor religioso, en particular la progresiva hegemonía (cultural, social, económica y política) del Cristianismo. Sin embargo, la idea de un período histórico homogéneo que abarcaba desde Marco Aurelio hasta Mahoma no ha carecido de críticos.[1] El concepto mismo de Antigüedad Tardía, indudablemente problemático, ofrece no obstante a los especialistas de la historia del cercano Oriente "medieval" un marco que le permite dar cuenta de fenómenos socioculturales que no pueden ser reducidos a la mera idea de Transición. En el largo plazo, ha tenido el mérito de recordarnos lo artificioso de las demarcaciones cronológicas y geográficas y, en consecuencia, a no aferrarnos demasiado a ellas. Por otro lado, una de las más notorias virtudes del libro de Peter Brown fue habilitar espacios para una superación de la asociación a la Antigüedad exclusivamente con la cultura grecolatina, y ha ampliado sus límites a las tradiciones literarias orientales, que hasta ese momento habían incumbido a un reducido grupo de especialistas, en su mayoría filólogos o teólogos.

---

[1] Para una primera aproximación al debate ver los trabajos de Averil Cameron (1980); Andrea Giardina (1999); Wolf Liebeschuetz (2004; 2001); Arnaldo Marcone (2008); Edward James (2008) y Clifford Ando (2008).

Después de casi medio siglo de polémica, los interrogantes persisten. ¿Cuáles son los límites –cronológicos, culturales y geográficos– de la Antigüedad Tardía? ¿Qué formaciones sociales podemos incluir en ella? Ellos resultan particularmente pertinentes en el caso del Imperio Sasánida y el Asia central. En efecto, hasta la publicación de la obra de Brown este gran "universo olvidado" (Ubierna, 2007: 44) había sido un campo marginal dentro de la disciplina más amplia conocida como la iranística, caracterizada por un predominio metodológico de la filología y mayormente preocupada por el período aqueménida. Los historiadores del mundo clásico y posclásico, por su parte, lo habían relegado a una nota a pie en la historia militar y diplomática. En otras palabras, el mundo iranio hacía esporádicas irrupciones en la historia universal cuando entraba en contacto con la historia bíblica o la civilización clásica. Esta exclusión era, en buena medida, el producto de una compartimentación disciplinar que operó la historiografía occidental encerrada en su propia miopía eurocéntrica. En tiempos relativamente recientes, dicha miopía se ha corregido en un conjunto de estudios que han señalado la variedad de contactos culturales entre romanos y persas que no se agotaban en la diplomacia o la guerra.[2]

Esta tardía inclusión del Irán en los estudios sobre la Antigüedad Tardía ha generado un debate de menor intensidad pero igualmente pertinente. Ya sea abogando por la exclusión, como ha hecho Rahim Shayegan (1999), como por la inclusión, postura defendida por Michael Morony (2008) y Parvaneh Pourshariati (2013), los iranistas han reflexionado acerca de la oportunidad de incluir al imperio sasánida en el marco de la Antigüedad Tardía. Para Morony, por ejemplo, la participación en una cultura helenística común justificaría plenamente su inclusión. No obstante, las numerosas diferencias en los detalles no son menos importantes que las coincidencias en el marco general, y deben ser necesariamente atendidas. Como señaló Shayegan, Roma y Persia representaban tradiciones culturales, políticas y sociales lo suficientemente diversas como para ser estudiadas por separado. Este debate está lejos de ser zanjado, sobre todo por la falta de documentación que permita ir más

---

2   Como ejemplo de esta tendencia en el medio anglosajón mencionamos algunos trabajos relevantes, la mayoría de ellos publicados en la colección *Transformation of the Classical Heritage*, casualmente dirigida por el mismo Peter Brown. Elizabeth Key Fowden, 1999; Scott McDonough, 2005; Adam Becker, 2006; Joel Walker, 2006; Matthew Canepa, 2009 y Richard Payne, 2015.

                                            Fernando Ruchesi (ed.)

allá de algunas afirmaciones generales, y no es mi intención resolverlo en esta oportunidad. Recordemos que la sociedad y las instituciones económicas, políticas y sociales sasánidas son imperfectamente conocidas. En tal sentido, la escasez y complejidad de las fuentes disponibles conspira contra dicha empresa y los estudios sobre el mundo iranio están muy por detrás de los campos de las sociedades griegas y romanas (Pourshariati, 2013).

Aunque esta última observación pueda sugerir un panorama pesimista, existe una cantidad de materiales aún inexplorados que pueden ayudarnos a echar luz sobre la sociedad del Iraq e Irán tardo-antiguos. Podemos encontrar un universo de testimonios literarios producidos por cristianos, judíos, gnósticos, maniqueos y zoroastrianos en diversas lenguas clásicas y orientales: griego, árabe, arameo, persa medio, georgiano, armenio y sogdiano (solo por nombrar los más importantes). Muchas de las obras compuestas en estas lenguas esperan aún un análisis histórico sistemático, pero una lectura superficial de ellas nos permite señalar que, lejos de ser parte de una cultura exótica o marginal al mundo tardo-antiguo, formaron parte de una *koiné* cultural que abarcaba desde el mediterráneo hasta el Asia central.

Justamente, el propósito de este trabajo será explorar las potencialidades de la literatura hagiográfica cristiana en lengua siríaca del imperio sasánida para reconstruir los procesos sociales que las contextualizaron. En concreto, me propongo indagar la relación que proponían las narrativas hagiográficas a la identidad cristiana y su relación con su entorno pagano, esto es ¿cómo se articulaba la identidad cristiana con otras formas de identidad (territorio, clase, parentesco)? ¿Qué prácticas, valores e ideas definían la identidad cristiana en la sociedad sasánida? Tomamos como punto de partida que las identidades nunca son exclusivas ni unívocas, sino que son múltiples y situacionales (Barth, 1998 [1969]). En tal sentido, veremos que la identidad cristiana complementaba o antagonizaba con otras formas de identidad y que las narrativas hagiográficas fueron parte de un esfuerzo más o menos consciente por parte de las elites clericales por sostener su primacía. Además, vamos a problematizar acerca del valor documental de la hagiografía cristiana en la reconstrucción de la sociedad sasánida. En específico, nos referiremos a la tensión que existe dentro ellas entre su pretensión de verdad y su valor prescriptivo, modelando y proponiendo –más que describiendo– modelos de comportamiento.

Sería imposible analizar en detalle todos los aspectos (costumbres funerarias, dietarias y matrimoniales) reproducidos por las narrativas hagiográficas. Por lo tanto, vamos a limitarnos a un problema específico, esto es, la manera en que los lazos parentales son retratados como constituyentes de la identidad religiosa. Al respecto, veremos que la hagiografía cristiana no ofrece un modelo coherente, sino que adapta temas hagiográficos tradicionales (muchos de ellos heredados de la literatura occidental) a situaciones específicas de la sociedad sasánida. La tensión entre el grupo de parentesco y la adscripción religiosa es un elemento recurrente en las hagiografías cristianas del imperio sasánida y fue funcional en la resolución del dilema de las elites cristianas del imperio sasánida ¿cómo mantener la identidad específica y al mismo tiempo incorporarse en un orden político que se definía (como el orden romano) en términos religiosos? O, mejor dicho, ¿cómo ser cristiano y al mismo tiempo fiel súbdito de un monarca pagano?

Antes de empezar nuestro análisis me gustaría dedicar unas pocas líneas a describir la sociedad sasánida y el desarrollo del cristianismo en ella. Como ya mencionamos, el principal problema al que nos enfrentamos es el acceso a fuentes literarias directas. Aquellas producidas por la monarquía o la elite sasánida (zoroastriana) son escasas, fragmentarias o tardías (muchas de ellas provienen de tiempos islámicos). Las cristianas, judías y maniqueas contemporáneas han sido contestadas como el producto de comunidades marginales cuya integración social era solo parcial. Por su parte, la arqueología (que incluye materiales epigráficos, sigilográficos y numismáticos) ha aportado información fundamental sobre aspectos materiales o simbólicos, pero sus alcances son siempre limitados (Gignoux, 1979; Gyselen, 2009).

El debate en torno a la naturaleza y características del Estado sasánida, abierto a finales de la década de los años treinta del siglo pasado, ha girado (simplificando en extremo) en torno a dos polos opuestos. Por un lado, un conjunto de especialistas ha definido al estado sasánida como una forma particular de Estado tributario que comparte varias características con su coetáneo imperio romano de oriente (Howard-Johnston, 1995; 2008; 2014; Gariboldi, 2006). Por otro lado, se lo ha definido como una estructura análoga a lo que Chris Wickham ha llamado un "Estado débil" (Wickham, 2006: 56-150), en la que las grandes casas aristocráticas (los *wuzurgān* de las fuentes iranias) mantenían un alto grado de autonomía en sus territorios (Rubin, 2004; 1995; Pourshariati, 2008).

                                    Fernando Ruchesi (ed.)

No obstante las diferencias de perspectivas, todos coinciden en señalar la importancia de los factores ideológicos en el mantenimiento de la cohesión del imperio, que se expresaba a través de patrones de comportamiento aristocrático que incluían: la destreza guerrera, el manejo del protocolo cortesano y la adscripción a un sistema filosófico/religioso que, a falta de una mejor definición, llamamos el zoroastrismo. Este conjunto de valores compartidos funcionaba como una verdadera *paideia* que permitía la integración de los distintos estamentos aristocráticos (*Wuzurgān, Azadān, Dehgān*) al servicio de la monarquía (Brown, 1992; Walker, 2006: 121-205; Daryaee, 2009: 41-59). El zoroastrismo del período sasánida estaba lejos de ser una "religión de Estado" organizada en torno a prácticas e ideas homogéneas, con un corpus de escritura y controladas por una elite religiosa, a la manera del cristianismo en el imperio romano (Shaked, 1994). Aún así, existe suficiente evidencia para afirmar que la religiosidad dominante en la corte sasánida (al menos desde el siglo IV) ya contenía uno de los elementos determinantes del zoroastrismo normativo de la era islámica y funcionaba como base de legitimidad tanto para la monarquía como para la aristocracia. No obstante, a diferencia de su rival romano-cristiano, la monarquía sasánida no aspiraba a la exclusividad religiosa sino a la integración jerárquica de diversas comunidades cultuales (cristianos, judíos, gnósticos, maniqueos, budistas, hindúes) bajo la hegemonía del zoroastrismo (Becker, 2014; Payne, 2015).

Esta última observación nos lleva al problema de la persecución religiosa tal como es representada en las fuentes cristianas. Los orígenes de la Iglesia en territorio sasánida están marcados por un relato legendario cuyo origen se remonta a las primeras décadas del siglo V. Pero los pocos datos concretos que tenemos acerca de la expansión de la Iglesia más allá del Éufrates sostiene que, para comienzos del siglo IV, había varias comunidades dispersas organizadas bajo un modelo episcopal que no se afianzó hasta el siglo VI junto con la ortodoxia (mal llamada) nestoriana.

Al asumir que el discurso de las fuentes hagiográficas guardaba –a pesar de sus muchas inconsistencias– algún núcleo de verdad, los estudios clásicos respecto a la relación entre Iglesia y monarquía en el Irán pre-islámico han dado por sentado que los cristianos vivían en un contexto hostil, análogo al que enfrentó la Iglesia pre–constantiniana del imperio romano (Labourt, 1904; Christensen, 1944; Asmussen, 1983). Esta caracterización resulta por lo menos matizable. A pesar de la retórica que pone el acento en el conflicto, el tono trágico de la hagiografía del período no puede ocultar hasta qué punto las élites cristianas estaban plenamente integradas al complejo entramado social del imperio. Indudablemente, entre los siglos IV y VII las autoridades sasánidas aplicaron medidas coactivas contra individuos o grupos específicos de cristianos con mayor o menor violencia. Pero no podemos afirmar que (salvo en momentos muy específicos) haya habido una política de persecución sistemática y coherente contra los cristianos (Brock, 1982; Van Rompay, 1995; Gross, 2021). De hecho, la violencia (esporádica y localizada, muchas veces intercalada con períodos de relativa calma o incluso de buenas relaciones) aplicada contra los cristianos por parte de las autoridades sasánidas obedecía a contextos político/religiosos específicos o a eventos puntuales en los que la hegemonía religiosa de la elite zoroastriana era puesta en entredicho (Becker, 2009; McDonough, 2011).

Desde la segunda mitad del siglo V la inclusión de la aristocracia laica cristiana (en Armenia, Mesopotamia y el Irán occidental) a las redes de solidaridad aristocrática a nivel imperial exigió a la elite clerical la formulación de estrategias que preservaran la identidad cristiana ante la presión ejercida por la religión imperial. Esta situación se profundizó en el siglo siguiente cuando la cristianización de una parte de los estratos superiores de la aristocracia pusiera en entredicho la hegemonía misma del zoroastrismo. En ambos momentos, la literatura martirial fue un vehículo potente en la definición de modelos de integración. Poniendo a los cristianos en la más extrema de las situaciones eligiendo entre vivir como un apóstata o morir por la fe, los martirios proponían una reflexión sobre los límites del ser cristiano en un contexto religioso fluido.

Los Hechos de los mártires persas

Dentro de la literatura cristiana sirio-oriental se destaca un heterogéneo conjunto de narrativas martiriales genéricamente conocidas como los *Hechos de los mártires persas*. A pesar que los textos de este conjunto provienen de contextos cronológicos y geográficos muy disímiles, todos ellos tienen por común denominador el colocar sus narrativas en el contexto sasánida. Una parte significativa de ellos se ubica durante la "Gran Persecución" de Sapor II (ca. 340) o en las primeras décadas del siglo V, durante los reinados de Yazdegerd I, Bahram V y Yazdegerd II.

Fernando Ruchesi (ed.)

La historicidad de muchas de las narrativas es nula, sin embargo resultan testimonios elocuentes de la manera que la elite clerical buscaba proyectar modelos de conducta cristiana dentro de sus comunidades.

Hasta bien entrada la segunda mitad del siglo XX, los *Hechos de los mártires persas* permanecían relegados de los estudios sobre la sociedad sasánida. Producida por una comunidad religiosa a la que se consideraba en los "márgenes" de la sociedad irania, su valor documental fue menospreciado. En las últimas décadas sus narrativas han sido revalorizadas en la medida que complementan o llenan los vacíos en las fuentes persas. No obstante, los *Hechos de los mártires persas* reflejan de manera problemática el universo cultural y social de las elites locales sasánidas. En efecto, su marcado carácter aristocrático describe un universo de aristocracias locales que participaban de múltiples redes de pertenencia (familiar, étnica, territorial, etc.) y que apelaban a distintas formas de identidad de acuerdo a cada contexto. Por otro lado, la tendencia natural de la literatura cristiana a la imitación y al uso de *topoi* modelaba las narrativas reproduciendo (ya sea adoptando un vocabulario específico, ya sea moldeando la trama) modelos heredados de la literatura cristiana occidental, esto es, los textos en griego o siríaco producidos en el vecino imperio romano. En las próximas páginas vamos a concentrar nuestra atención en el problema de la representación de los lazos de parentesco en los *Hechos de los mártires persas* para comprender la manera en que los hagiógrafos "cristianizaron" patrones de comportamiento aristocrático iranios.

Lazos familiares e identidad cristiana

Las tensiones entre padres e hijos o entre esposos es un tópico recurrente en las composiciones martiriales sirio-orientales. Esta centralidad se debe, por cierto, a la imitación de modelos narrativos importados de la hagiografía occidental. No obstante, no toda la hagiografía está estructurada en torno a clichés y repeticiones, y en muchos casos estos martirios revelan situaciones específicas que podemos relacionar con el universo social sasánida. En lo referido a los lazos parentales, podemos constatar una tensión entre dos actitudes en aparente contradicción. Por un lado, una actitud anti-familiar en la que el mártir entra en conflicto con su entorno parental. Por el otro, una actitud pro-familiar en la que los lazos de parentesco son presentados como sustento de una identidad cristiana que se construía como antagónica de otras formas de identidad.

La primera actitud está representada por un conjunto de textos martiriales que desarrolla un mismo tema, esto es, la pareja de hermanos que se convierten y enfrentan a sus padres. Nos referimos a los martirios de Gūbralāhā y Qazō (BHO 325), Mār Bassus y Susana (BHO 174), la mártir Ṣulṭan Mahdūkh y sus hermanos Adhūrparwā y Mīhrnarseh (BHO 1106), y Behnam y Sara (BHO 177). A estas historias se le deben adjuntar otros martirios individuales: los de Abdālmšīḥā (BHO 3), Sabā Gūšnazdad (BHO 1029) y Sabā Pīrgūšnasp (BHO 1031) que tienen características similares.

Todas ellas reúnen características análogas que revelan que no son más que variantes de una misma leyenda. La primera característica común es el obvio desfasaje cronológico. Salvo el martirio de Gūšnazdad, todos los textos del grupo ubican los eventos en el siglo IV, durante la persecución de Sapor II (309-379). Sin embargo, hay una distancia cronológica significativa entre los eventos y la composición de los textos. En efecto, todos ellos fueron compuestos varios siglos después de los supuestos eventos narrados. Aunque en ellos podrían subyacer materiales antiguos, los más tempranos son de finales de la época sasánida. El martirio de Gūbralāhā fue compuesto no antes de finales del VI y aquellas dedicadas a los dos Sabā pertenecen a las primeras décadas del VII. Otros, en cambio, no pudieron haber sido escritos antes de la época islámica. Bassus, Ṣulṭan Mahdūkh y Abdālmšīḥā fueron seguramente compuestos después del año 650. Por último, el martirio de Behnam y Sara no puede ser anterior al siglo XII. En sus redacciones más antiguas, estas historias estaban dirigidas al consumo de elites cristianas altamente iranizadas o de origen iranio/zoroastriano para las que una cristianización relativamente reciente suponía la entrada en conflicto con los valores propios de los grupos de parentesco ampliados de la aristocracia persa.

Ellos desarrollan un discurso anti-familiar cuyo modelo son los martirios occidentales sustentados en la exégesis de Lc 14: 26 y Mt. 10: 37 (Krawiec, 2003; Jacobs y Krawiec, 2003; Jacobs, 2003). Pero, también nos revelan el conocimiento que tenían sus redactores de las tensiones entre los ideales cristianos y las normas patriarcales de la sociedad irania (Walker, 2006: 208). Así, la retórica del rechazo de las convenciones familiares era la adaptación de un modelo literario a la reacción cristiana

Fernando Ruchesi (ed.)

ante las estructuras agnaticias en la que mujeres y niños se encontraban bajo la autoridad de los varones adultos.

Estos martirios producidos a finales del período sasánida presentan la autoridad masculina en términos negativos, sin que esto suponga un desafío a la sociedad patriarcal. Son historias de jóvenes (a veces niños pequeños) que se enfrentan a los ideales iranios de roles de género (matrimonio y fertilidad para las mujeres, la *paideia* zoroastriana para los varones) en pos de un ideal de renuncia ascética. La conversión que da paso al martirio se sustenta en ese rechazo explícito a dichos roles. En efecto, aunque los mártires recibieron una educación profana por parte de un padre impío, encontraron en la nueva fe (una *paideia* mejor y verdadera) un camino hacia una muerte heroica y su recompensa eterna.

Así el antagonismo entre el mártir y su perseguidor es un conflicto generacional cuyo escenario es el hogar o la parentela ampliada. En lugar del juez o del verdugo, a menudo es el padre mismo quien dirige el proceso contra su hijo. El mártir Sabā Pīrgūšnasp se enfrenta a su padre Zamīsp que es precisamente el magistrado encargado de interrogarlo (Bedjan, 1894: 222). El padre de la doncella Mahdūkḥ y sus hermanos, llamado Pūlar (un ficticio rey vasallo de Sapor II), no es el antagonista principal, pero se abstiene de proteger a sus hijos por miedo al rey (Bedjan, 1891: 3; Brock y Dilley, 2014: 10). El *Martirio de Behnam y Sarah* llama al padre de los jóvenes Senaquerib, dando un tono bíblico a la contienda (Bedjan, 1891: 401). El mártir Sabā Gūšnazdad no se enfrenta a su padre (ausente primero, difunto más tarde en la narración) sino a su tío, quien ejerce el control sobre su patrimonio (Bedjan, 1891: 636). Bassus y su hermana Susana son ejecutados por su padre (un magistrado local) igual que Gūbralāhā y su hermana Qazō –que son ejecutados por orden de su padre, el mismo Sapor II– (Bedjan, 1891: 157). Por el contrario las mujeres de la familia aceptan o promueven la conversión. La madre de Sabā Gūšnazdad es descripta como una pagana, pero que simpatiza con los cristianos y acepta la conversión de su hijo. El propio Sabā fue evangelizado por una nodriza cristiana (Bedjan, 1891: 637) y la esposa de Sapor II increpa a su marido por la ejecución de su hijo Gūbralāhā (Bedjan, 1891: 161).

Otra característica común a este grupo es la presencia de grupos subordinados como agentes de conversión. En algunos casos es un asceta, un ermitaño llamado Mattay en el caso de Behnam y Sara (Bedjan, 1891: 400), un obispo llamado ʿAbdā en el caso de Mahdūkḥ (Bedjan, 1891: 5;

Brock y Dilley, 2014: 14) u otro pariente previamente cristianizado como Dādhū en el caso de Gūbralāhā (Bedjan, 1891: 142). Más significativo es la mención a los cautivos romanos que muchas veces intervienen en la conversión de la pareja de mártires, como en los casos de Sabā Pīrgūšnasp que fue convertido por su preceptor romano llamado Anastasio (Bedjan, 1894: 228), o en los casos de Bassus y Susana que fueron evangelizados por un esclavo cautivo romano llamado Esteban (Bedjan, 1894: 477).[3]

Cualquiera sea su origen o condición, el papel de este agente es el de presentar a los jóvenes una nueva *paideia*, mejor y superior a la de sus padres. El cristianismo (*Krīṣṭīanūthā*) y la *mgūšūthā* (el "magianismo", es decir la religión zoroastriana) son dos identidades apoyadas en sistemas doctrinales y éticos antagónicos. El enfrentamiento entre padres e hijos es, en última instancia, la confrontación de esos dos sistemas educativos alternativos. Del lado del zoroastrismo se encuentra la enseñanza filosófica profana (ya sea oral o a través de libros o como encantamientos en los rituales ofrecidos a los dioses anicónicos del zoroastrismo) y la participación en las formas de sociabilidad y consenso aristocrática (la cacería, los banquetes, la escuela) que permiten la incorporación del joven a los grupos agnaticios ampliados regidos por los varones. Esta *paideia* gira en torno a la gloria mundana y la vanidad material. Del otro lado, la identidad cristiana es definida por la práctica ascética, el recitado de los salmos y la lectura de la biblia. La superioridad de esta nueva *paideia* reside en la supremacía de los bienes espirituales ofrecidos en el mundo venidero en contraste a la transitoriedad de los bienes materiales.

La segunda actitud que mencionamos tiene una definición en apariencia opuesta. La encontramos en tres textos íntimamente relacionados y producidos en un contexto sustancialmente diferente al primero. Son los martirios de Jacobo interciso (BHO 294), Jacobo el notario (BHO 492) y Pērōz (BHO 921). En este caso la interdependencia de los textos es particularmente notable, llegando a identificarse escenas o incluso párrafos casi idénticos. Ellos pertenecen a la segunda mitad del siglo V o principios del VI. Los tres ubican los eventos en los años 420-422, un momento de persecución que siguió al momento de calma derivado de la

---

3   La presencia de cautivos romanos es un *topos* recurrente que puede relacionarse con una memoria de algunas comunidades cristianas de Iraq y el Irán occidental de las deportaciones en las campañas persas de los siglos III y IV. Más allá de su historicidad, es interesante notar el lugar de legitimidad asumido por occidente (Smith, 2016; Gross, 2021).

     Fernando Ruchesi (ed.)

política favorable de Yazdegerd I. Este grupo invierte la ecuación anterior. Ya no es el hijo converso sino del hijo apóstata recuperado por su familia. Así, los lazos familiares no son un obstáculo para la vocación martirial del santo, sino su sustento. El contexto cultural es sustancialmente diferente. No se trata de un hijo de padres paganos, sino el joven de familia cristiana que cede ante las presiones (por violencia o cooptación) para asimilarse a la religión del rey. En consecuencia, los elementos puestos en juego en este grupo difieren del anterior. A diferencia de aquellos —en el que los protagonistas se ubican aún en el contexto doméstico— los personajes del segundo grupo son jóvenes miembros de conocidas familias aristocráticas cristianas que ocupan puestos al servicio del rey (Jacobo interciso y Pērōz como soldados, Jacobo el notario como miembro de la administración civil). En tal sentido lo esencial de las escenas se desarrolla en la corte. De hecho, el grupo familiar permanece como una instancia lejana pero persuasiva en el momento de modelar las acciones del mártir.

El segundo elemento común se relaciona con las razones que llevaron al protagonista a la apostasía. En estos casos, el joven cristiano abandona la verdadera fe ya sea por miedo a la persecución (Jacobo notario y Pērōz) o por la seducción con regalos y honores (Jacobo interciso). Cualquiera sea el caso, la apostasía es el producto de una presión externa derivada de la inclusión del héroe en redes de patronazgo aristocrático. En este contexto los lazos familiares son los que habilitan la re-conversión del héroe y activan su vocación por el martirio. En las historias de Jacobo interciso y Pērōz esa intervención se materializa en cartas (de la madre y esposa en el caso de Jacobo, madre, padre y esposa en el caso de Pērōz) que detonan su arrepentimiento. Ya mencionamos que estos tres textos constituyen reelaboraciones de un mismo tema y la forma y contenidos de las cartas son relativamente similares. En la versión del martirio de Jacobo, la madre y la esposa increpan al futuro mártir por su apostasía y por haber sucumbido debido al deseo de agradar al monarca aceptando cargos y honores.

> [Las mujeres dicen] "Entonces sabe que si permaneces en esta opinión y si no reniegas de esa religión[4] en que estás, te sobrevendrá el tormento de Dios y el juicio justo como al rey, tu amigo. Y entonces nosotras seremos extrañas a ti y no tendrás parte ni herencia con

---

4   En siríaco *deḥlthā*, literalmente "temor", sobre el significado de este término, ver Becker, 2009.

nosotras (Hechos 8: 21)”. Y cuando Jacobo recibió esa carta, volvió en sí y surgió el arrepentimiento en su mente y se dice a sí mismo por dentro: “Si mi madre y mi esposa me repudian así en este mundo con firmes juramentos ¿cuánto más Dios –del cual me alejé y cuya fidelidad rompí– volteará su rostro ante mí en el día final y en este mundo me llevará amargamente hacia el juicio? (Bedjan 1891: 540-541).

Por su parte, en el *Martirio de Pērōz* no son las dádivas sino las amenazas de tortura y muerte lo que empuja al futuro mártir a la apostasía. No obstante, la respuesta familiar no resulta más comprensiva:

[Su familia dice] “No tienes más parte con nosotros (Hechos 8: 21); debido a que has abandonado tu fe, ya no eres nuestro hijo, y tampoco somos tus padres, ni tu esposa, tu mujer.” Entonces [el santo se interroga] ¿qué me conviene hacer después de que mis padres me repudiaron? ¿Dónde iré? ¿Dónde me refugiaré? ¿Y entonces, quién será mi tranquilidad (*nyāḥā*)? (Bedjan, 1894: 257-258).

El elemento común a ambas cartas son las alusiones a Hechos 8: 21 para expresar la desaprobación familiar. Sin embargo, mientras que en el soliloquio de Jacobo el dilema es espiritualizado (de hecho superpone el rechazo de Dios al de su familia), para Pērōz las inquietudes son mucho más mundanas. En efecto, lo que dispara su arrepentimiento y su vuelta a la fe es la inminencia de la pérdida de los lazos parentales que lo transformarían en un paria. En ambas historias es evidente que, para los redactores, cualquier otra forma de identidad es válida siempre y cuando se subordine a la identidad cristiana.

En el caso de Jacobo notario no existe referencia alguna a una carta. En cambio, el redactor señala que su apostasía sólo había sido aparente, ya que había sacrificado exteriormente pero mantenido su fe en secreto (Bedjan 1894, 4:193). Otro elemento distintivo es que el conflicto entre el apóstata y su familia desaparece para ser reemplazado por una concordia que se materializa en la deposición de sus reliquias en un santuario familiar. En efecto, a diferencia de los martirios de Jacobo interciso y Pērōz, en los que no hay referencia alguna a un santuario dedicado al mártir, la historia de Jacobo notario se vincula al culto en un santuario local (en la ciudad de Karkhā dLedan) bajo control de su linaje. Así la familia es menos la restauradora de su fe como la heredera de su santidad oculta. Mientras que las otras dos narrativas dan poca o ninguna importancia a la recolección de sus reliquias, la historia de Jacobo notario

Fernando Ruchesi (ed.)

le concede un lugar central. Ignorando la muerte de su hijo, la madre envía por él para organizar su matrimonio. Pero, al saber de su destino, la piadosa mujer recurre al obispo de la ciudad (llamado Ṣaūmaī) para erigir un santuario para honrar su memoria. Así, ambos lo depositaron "en un lugar honorable" y la dama "Preparó todo lo necesario para el banquete,[5] hizo una conmemoración del victorioso, y eran recibidos los santos, las viudas, los pobres y los mendigos" (Bedjan, 1894:199-200). Así, los dos elementos constitutivos de la identidad cristiana (Iglesia y grupo de parentesco) confluyen en la institución del culto al mártir.

Para concluir, el segundo grupo constituye menos una visión pro-familiar y anti-ascética como una visión cristianizada de los lazos familiares, que refleja la preocupación de las elites clericales por mantener la identidad en el contexto de la integración de las elites laicas al entramado cortesano. Este grupo parece reflejar los efectos sobre la elite laica cristiana del proceso de centralización política y el avance de la monarquía sobre las aristocracias locales a través de la extensión de las redes clientelares. Como demuestra el caso de Jacobo notario, las narrativas reflejan una tensión entre dos lógicas de construcción del prestigio social que no eran necesariamente incompatibles. Por un lado, aquellas estrategias que se basaban en la vinculación con la corte y la incorporación a una red aristocrática a escala regional. Esta suponía la asimilación a la identidad religiosa dominante (el zoroastrismo) y suponía un riesgo de disolución de la identidad cristiana. Por otro lado, una estrategia alternativa a escala local que suponía el estrecho vínculo de los grupos de parentesco y la institución eclesiástica a través del control de los santuarios dedicados a los mártires que eran fuente de prestigio y recursos.

Conclusiones

A manera de conclusión general me gustaría realizar dos reflexiones. La primera de ellas es metodológica y se relaciona con el valor documental de la hagiografía cristiana para comprender las estructuras sociales de un determinado período histórico. Ya sea en el occidente latino (Derouet, 1976; Fouracre, 1990; Bloch, 2001:86; Fray, 2018) como en Bizancio (Patlagean, 1968; Kaplan y Kountoura-Galaki, 2020) este problema

---

5   A lo largo del texto, el martirio de Jacobo es comparado con el banquete nupcial (Clark, 2008).

ha sido abordado y nos llama a proceder con cautela. El objetivo de los hagiógrafos sirio-orientales era pedagógico y sus descripciones de la realidad social se subordinaban a aquellos. En tal sentido, las tensiones que describimos entre modelos familiares deben ser abordadas no como la colisión entre realidades sociales sino como la presentación de ideales que operaban sobre la realidad. Por supuesto, esto no implica que la realidad fuese incognoscible, pero debemos reconocer los efectos del prisma narrativo en ella.

Si bien el texto sagrado y la tradición hagiográfica occidental constituyeron ese prisma, éste encontró límites precisos. La sociedad irania difería en muchos puntos de su contemporánea tardo-romana. Era un universo social y religioso fluido en el que una monarquía con recursos limitados aspiraba a controlar un vasto y heterogéneo imperio continental. Los mecanismos a los que recurría para hacer sentir su autoridad a la distancia dependían en buena medida de la integración ideológica de las elites locales, cuya colaboración era imprescindible. Dicha integración asumió la forma de una cultura compartida en la que los valores del heroísmo guerrero, la filosofía y la común devoción a las deidades tradicionales, fungían como el cemento. Los lazos de dependencia personal y las relaciones de parentesco eran vectores de esa cultura compartida. En este contexto, se puede identificar en las narrativas en torno a la familia de los martirios sirio-orientales la tensión de integrarse a esa red.

Bibliografía

ANDO, C. (2008), "Decline, fall, and transformation", *Journal of Late Antiquity* 1, pp. 31-60.

ASMUSSEN, J. P. (1983), "Christians in Iran", en Yarshater, E. (ed.), *The Cambridge History of Iran*, 3.2 *The Seleucid, Parthian and Sasanian periods*. Cambridge: Cambridge University Press.

BARTH, F. (1998[1969]), *Ethnic Groups and Boundaries: The Social Organization of Culture Difference*. Long Grove, Waveland Press.

BECKER, A. (2006), *Fear of God and the Beginning of Wisdom. The School of Nisibis and Christian Scholastic Culture in Late Antique Mesopotamia*. Filadelfia: University of Pennsylvania Press.

——— (2009), "Martyrdom, Religious Difference and "Fear" as a Category of Piety in the Sassanian Empire. The Case of the Martyrdom of Gregory and the Martyrdom of Yazdpaneh", *Journal of Late Antiquity* 2, pp. 300-336.

——— (2014), "Political Theology and Religious Diversity in the Sasanian Empire", en Herman, G. (ed.), *Jews, Christians and*

Fernando Ruchesi (ed.)

Zoroastrians. Religious Dynamics in a Sasanian Context, Piscataway: Gorgias Press.

BEDJAN, P. (1891), *Acta Martyrum et Sanctorum Syriace II*. París-Leipzig: Harrassowitz.

———— (1894), *Acta Martyrum et Sanctorum Syriace IV*. París-Leipzig: Harrasowitz.

BLOCH, M. (2001[1954]), *Apología para la historia o el oficio de historiador*, Buenos Aires: FCE.

BROCK, S.P. (1982), "Christians in Sasanian Empire: A case of divided loyalties", *Studies in Church History* 18, pp. 1-19.

BROCK, S. y DILLEY, P. (2014), *The martyrs of Mount Ber'ain*, Piscataway, Gorgias Press.

BROWN, P. (1971), *The world of late antiquity, AD 150-750*. Nueva York: Harcourt Brace Jovanovich.

———— (1992), *Power and persuasion in late antiquity. Towards a Christian Empire*. Madison: University of Winsconsin Press.

CAMERON, A. (1980), "Late Antiquity--The Total View", *Past & Present* 88, pp. 129-35.

CANEPA, M.P. (2009), *Two eyes of the Earth: Art and Ritual of Kingship between Rome and Sasanian Iran*. Berkeley: University of California Press.

CHRISTENSEN, A. (1944), *L'Iran sous les Sassanides*. Copenhague: P. Geuthner.

CLARK, E.A. (2008), "The Celibate Bridegroom and His Virginal Brides: Metaphor and the Marriage of Jesus in Early Christian Ascetic Exegesis", *Church History* 77, pp. 1-25.

DARYAEE, T. (2009), *Sasanian Persia. The rise and fall of an Empire*, Londres: I.B. Tauris.

DEROUET, J.-L. (1976), "Les possibilités d'interprétation sémiologique des textes hagiographiques", *Revue d'histoire de l'église de France* 62, pp. 153-62.

FOURACRE, P. (1990), "Merovingian history and Merovingian hagiography", *Past & Present* 127, pp. 3-38.

FOWDEN, E. K. (1999), *The Barbarian Plain. Saint Sergius between Rome and Iran*. Berkeley: University of California Press.

FRAY, S. (2018), "L'exploitation de sources hagiographiques en histoire sociale du haut Moyen Âge", *Cahiers d'histoire* 34, pp. 65-88.

GARIBOLDI, A. (2006), *Il regno di Xusraw dall'anima immortale: riforme economiche e rivolte sociali nell'Iran sasanide del VI secolo*. Milán: Mimesis.

GIARDINA, A. (1999), "Esplosione di tardoantico", *Studi storici* 40, pp. 157-180.

GIGNOUX, P. (1979), "Problèmes de distinction et de priorité des sources", en Harmatta, J. (ed.), *Prolegomena to the Sources of the History of the Pré-Islamic Central Asia*. Budapest: Akadémiai Kiadó.

GROSS, S. (2021), "Being Roman in the Sasanian Empire: Revisiting the Great Persecution of Christians under Shapur II", *Studies in Late Antiquity* 5, pp. 361–402

GYSELEN, R. (2009), "Primary Sources and Historiography on the Sasanian Empire", *Studia Iranica* 38, pp. 163-190.

HOWARD-JOHNSTON, J. (1995), "The two Great Powers in Late Antiquity: A comparision", en Cameron, A. (ed.), *The Byzantine and Early Islamic Near East III. States, Resources, and Armies*. Princeton: Darwin Press.

———. (2008) "State and Society in Late Antique Iran", en Sarkhosh Curtis, V. y S. Stewart, (eds.), *The Idea of Iran. Volume III. The Sasanian Era*. Londres: I.B. Tauris.

———. (2014), "The Sasanian state: the evidence of coinage and military construction", *Journal of Ancient History* 2, pp. 144-181.

JACOBS, A. S. (2003), "'Let Him Guard Pietas': Early Christian Exegesis and the Ascetic Family", *Journal of Early Christian Studies* 11, pp. 265-281.

JACOBS, A S., y R. Krawiec (2003), "Fathers know best? Christian families in the age of asceticism", *Journal of Early Christian Studies* 11, pp. 257-63.

JAMES, E. (2008), "The Rise and Function of the Concept" Late Antiquity", *Journal of Late Antiquity* 1, pp. 20-30.

KAPLAN, M., y E. KOUNTOURA-GALAKI. (2020), "Economy and society in Byzantine hagiography: realia and methodological questions", en Efthimiadis, S. (ed.), *The Ashgate Research Companion to Byzantine Hagiography*, Nueva York: Routledge.

KRAWIEC, R. (2003), "'From the Womb of the Church': Monastic Families", *Journal of Early Christian Studies* 11, pp. 283-307.

LABOURT, J. (1904), *Le Christianisme dans L'Empire Perse sous la Dynastie Sassanide (224-632)*. París: Lecoffre.

LIEBESCHUETZ, W. (2001), "Late Antiquity and the concept of decline", *Nottingham Medieval Studies* 45, pp. 1-11.

LIEBESCHUETZ, W. (2004), "The birth of late antiquity", *Antiquité tardive* 12, pp. 253-61.

MARCONE, A. (2008), "A Long Late Antiquity?: Considerations on a Controversial Periodization", *Journal of Late Antiquity* 1, pp. 4-19.

MCDONOUGH, S. (2005), *Power by negotiation: Institutional reform in the fifth-century Sasanian Empire*. Los ángeles: UCLA.

———. (2011), "The legs of the throne: Kings Elites, and Subjects in Sasanian Iran", en Arnason, J. y Raaflaub, K. (eds.), *The Roman Empire in Context: Historical and Comparative Perspectives*. West Sussex: Wiley-Blackwell.

MORONY, M. (2008), "Should Sasanian Iran be Included in Late Antiquity?", *e.Sasanika* 6, pp. 1-14.

PATLAGEAN, E. (1968), "Ancienne hagiografie byzantine et histoire sociale", *Annales. ESC 23*, pp. 106-126.

PAYNE, R. (2015), *A State of Mixture: Christians, Zoroastrians, and Iranian Political Culture in Late Antiquity*. Oakland: University of California Press.

POURSHARIATI, P. (2008), *Decline and Fall of the Sasanian Empire. The Sasanian–Parthian Confederacy and the Arab Conquest of Iran*. Londres: Tauris.

———. (2013), "Further Engaging the Paradigm of Late Antiquity", *Journal of Persianate Studies* 6, pp. 1-14.

RUBIN, Z. (1995), "The Reforms of Khusro Anurshiwan", en Cameron, A. (ed.), *The Byzantine and Early Islamic Near East III. States, Resources, and Armies*. Princeton: Darwin Press.

———. (2004), "Nobility, Monarchy and legitimation under the Later Sassanians", en Haldon, J. y L. Conrad (eds.), *The Byzantine and Early Islamic near East, VI Elites*

Old and New in the Byzantine and Early Islamic Near East, Princeton: Darwin Press.

SHAKED, S. (1994), *Dualism in transformation: varieties of religion in Sasanian Iran*. Londres: School of Oriental and African Studies, University of London.

SHAYEGAN, R. (1999), *Aspects of Early Sasanian History and Historiography*. PhD Thesis Harvard University.

UBIERNA, P. (2007), *El mundo mediterráneo en la Antigüedad tardía 300-800 d.C.* Buenos Aires, EUDEBA.

VAN ROMPAY, L. (1995), "Impetuous Martyrs? The Situation of the Persian Christians in the Last Years of Yazdgard I (419-420)", en Lamberigts, M. y van Deun, P. (eds.), *Martyrium in Multidisciplinary Perspective: Memorial Louis Reekmans*, Lovaina: Peeters.

WALKER, J. T. (2006), *The Legend of Mar Qardagh. Narrative and Christian Heroism in Late Antique Iraq*. Berkeley: University of California Press.

WICKHAM, C. (2006), *Framing the Early Middle Ages: Europe and the Mediterranean, 400-800*. Oxford: Oxford University Press.

Capítulo IV

Constantino el Grande y el *Martyrion* de Jerusalén: ¿fundador imperial o santo patrono?

Victoria Casamiquela Gerhold
IMHICIHU-CONICET

Las características del complejo religioso fundado por Constantino en Jerusalén, tal como fue consagrado en el año 335, son poco conocidas.[1] Las descripciones contemporáneas sugieren que fue concebido como una estructura centralizada en la que una iglesia –la basílica constantineana o *Martyrion*–[2] servía al propósito de albergar las celebraciones litúrgicas vinculadas a las dos grandes reliquias que estaban en su cercanía: el Calvario y el Sepulcro de Cristo.[3] Sin embargo, esa

---

[1]   Las únicas descripciones contemporáneas del complejo son las de Eusebio de Cesárea en la *Vita Constantini*, 3.25-28, y la del peregrino anónimo de Burdeos, *Itinerarium*, 56. Eusebio no menciona la presencia del Calvario dentro del complejo, pese a que sabemos, gracias al peregrino de Burdeos, que era parte de este al menos desde el año 333. La sugestión de J. Jeremias (1926: 159) respecto a que el Gólgota fue descubierto después de que el proceso de construcción se hubo iniciado no resulta de utilidad para explicar el silencio de Eusebio, ya que este último elaboró su *Vita Constantini* hacia fines de la década de 330, es decir, después de que el peregrino de Burdeos lo hubiese señalado tras su visita a Jerusalén. Es posible, como lo ha sugerido P. Walker (1990: 252-60), que Eusebio prefiriese no mencionar el Calvario a fin de resaltar la Resurrección por sobre la Pasión, aunque también es plausible, como lo han señalado A. Cameron y S. Hall (1999: 291), que la descripción de Eusebio simplemente esté incompleta.

[2]   Como lo han señalado Cameron y Hall, no está del todo claro si Eusebio identificaba el *Martyrion* con la totalidad del complejo, o, específicamente, con la basílica constantineana (1999: 290). Es seguro, en todo caso, que en la segunda mitad del siglo IV el nombre estaba exclusivamente asociado con la basílica (véase, por ejemplo, Egeria, *Itinerarium*, 30.1-3, 32.1, 38.1, 39.2).

[3]   Las descripciones contemporáneas del complejo no sugieren que el Sepulcro y el Calvario estuviesen destinados a constituirse en santuarios independientes. El peregrino de Burdeos (*Itinerarium*, 56) habla de la "colina" (*monticulus*) del Calvario y de la "cripta" (*cripta*) del Sepulcro, sin dar ningún indicio de que existiese una edificación sobre ellos. Eusebio sí menciona una construcción elaborada sobre el Sepulcro, pero no la presenta como un santuario independiente (1999: 99-100). Tanto el Sepulcro como el Calvario, en ese sentido, parecen haber sido simplemente reliquias comprendidas dentro del recinto de la gran basílica constantineana. Su constitución en centros de culto independientes probablemente fue una consecuencia de la práctica litúrgica que se desarrollaba en ellos.

unidad originaria no parece haber perdurado en el tiempo. El espacio interior del complejo, paulatinamente descentralizado, habría dado lugar eventualmente a la emergencia de una pluralidad de lugares de culto. En efecto, los peregrinos atestiguan ya desde el siglo IV la realización de celebraciones litúrgicas en las áreas del Calvario y del Sepulcro, y resulta claro que, luego de cierto desarrollo material, esta práctica llevó al reconocimiento de estos espacios como santuarios independientes.[4] En ese sentido, el complejo constantineano parece haberse transformado en una estructura multifocal dominada por tres grandes ejes: las iglesias del Santo Sepulcro, del Santo Calvario, y el *Martyrion*.[5]

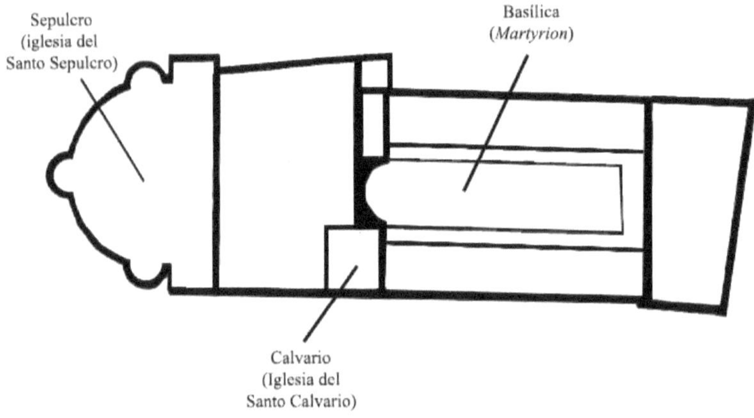

La transformación del Sepulcro y del Calvario en santuarios independientes planteó sin duda un desafío significativo para la identidad del *Martyrion*. A diferencia de las nuevas iglesias del Santo Sepulcro y del Santo Calvario –distintivas por albergar los lugares de la Pasión y Resurrección de Cristo– el *Martyrion* carecía de un atributo definido. Esa

---

4   No está claro en qué momento el Sepulcro y el Calvario se convirtieron en santuarios independientes, pero es probable que haya sido en una fecha temprana. Egeria revela que una gran actividad litúrgica tenía lugar en el Sepulcro, por lo que no resulta sorprendente que el peregrino de Piacenza (*Itinerarium*, 171) mencione la existencia de un altar allí en el siglo VI. Para el siglo VII ya se había tornado común referirse a estos sitios como "la iglesia del Sepulcro del Señor" y "la iglesia del Gólgota" (véase, por ejemplo, la Guía armenia en Wilkinson, 2002: 165).

5   Existían también otros santuarios dentro del complejo, como la iglesia de Santa María (véase Adomnan, *De locis sanctis*, 233), la capilla de la Tumba de Adán (véase Epifanio, *Itinerario*, 67), y la capilla que preservaba la copa de Cristo y otras reliquias (véase Adomnan, *De locis sanctis*, 235–36). El esquema representado aquí constituye una versión simplificada de la reconstrucción publicada por Cameron y Hall (1990: 288).

Fernando Ruchesi (ed.)

es probablemente la razón por la que finalmente fue asociado con el hallazgo de la Verdadera Cruz.[6] La tradición que situaba el descubrimiento de la Cruz en el área del altar de la basílica constantineana desempeñó, sin duda, el doble papel de proporcionar una localización distintiva para el famoso hallazgo de la emperatriz Helena[7] y de investir al *Martyrion* con su propio simbolismo bíblico. La Cruz, al conferir una nueva identidad al edificio, habría servido en cierto modo para compensar la disociación del *Martyrion* respecto al Sepulcro y al Calvario.

La asociación con el descubrimiento de la Cruz, sin embargo, no parece haber sido suficiente para redefinir la identidad del *Martyrion*. Parte del problema, sin duda, radicaba en el hecho de que el edificio carecía de una denominación evocadora. El término "Martyrion", entendido como "testimonio" (en alusión al testimonio dado por la resurrección de Cristo),[8] era una designación demasiado abstracta, y, como lo ha señalado J. Wilkinson (2002: 363-64), probablemente desconcertante para el común de los viajeros y peregrinos (en muchos casos, escasamente familiarizados con el griego), que habrían sido en su mayoría incapaces de comprender la connotación teológica implícita en el nombre de la iglesia.[9] El hecho, por otra parte, de que el término "martyrion" fuese utilizado también para referirse a un "santuario" (especialmente, un santuario dedicado a un mártir), habría contribuido sin duda a aumentar la

---

6   La asociación de la basílica con el lugar de descubrimiento de la Cruz está atestiguado al menos desde el siglo VI (véase, por ejemplo, el Peregrino de Piacenza, *Itinerarium*, 172).

7   La tradición da cuenta de cierta incertidumbre respecto al lugar de descubrimiento de la Cruz. Algunas fuentes de los siglos IV y V lo ubican "en el Calvario" (Ambrosio de Milán, *De obitu Theodosii*, sec. 43, 45; Gelasio de Cesárea, *Historia Eclesiástica*, F15a). Fuentes del siglo V, por su parte, lo ubican "dentro" o "en la proximidad" del Sepulcro (Sócrates, *Historia Eclesiástica*, 1.17.1-4; Sozómeno, *Historia Eclesiástica*, 2.1.2-5). Alejandro el Monje, en torno al siglo VI, ubica el descubrimiento en un tercer lugar, diferente tanto del Calvario como del Sepulcro, pero sin ofrecer mayores precisiones topográficas (Alejandro el Monje, *Descubrimiento de la Cruz*, 23–42). Hacia la misma época, por otra parte, el descubrimiento comenzó a ser ubicado debajo del altar de la basílica constantineana (véase n. 28).

8   Eusebio, *Vita Constantini*, 3.28. El hecho de que Eusebio vinculase el *Martyrion* con la resurrección de Cristo (y, por ende, con el Sepulcro) es consistente con su descripción del complejo, en la cual el Sepulcro ocupa un lugar prominente, mientras que el Calvario no es siquiera mencionado.

9   El testimonio de Egeria provee alguna evidencia del desconcierto de los peregrinos respecto al nombre de la iglesia, pues la autora frecuentemente siente la necesidad de acompañar el nombre de la iglesia con alguna otra información que permita identificarla correctamente (véase, por ejemplo, Egeria, *Itinerarium*, 30.1-3, 38.1, 48.1).

confusión.[10] En ese sentido, no resulta sorprendente que el nombre de la basílica haya sido gradualmente reemplazado por otras denominaciones.[11] Durante varios siglos no existió un consenso claro sobre una nueva designación. La basílica fue conocida como "la gran iglesia ubicada en el Gólgota",[12] "la iglesia de la Santa Cruz",[13] "la iglesia fundada por el emperador Constantino"[14] o simplemente "la iglesia de Constantino". Con el tiempo, sin embargo, comenzó a ser generalmente conocida como "la iglesia de San Constantino".[15]

Una versión reelaborada del *Breviario de Jerusalén*, una descripción anónima de Jerusalén destinada a servir como guía para los peregrinos que visitaban la ciudad santa, se encuentra entre las primeras fuentes en identificar a la basílica constantineana como la "iglesia de San Constantino". La fecha de esta versión es difícil de precisar, por lo que es más seguro preservar un *terminus ante quem* que podemos fijar en el siglo IX sobre la base del manuscrito más antiguo conocido.[16] Es posible, sin embargo, que el texto haya estado en circulación desde al menos un siglo antes.

Et inde intrans in aecclesiam sancti Constantini. Magna ab occidente est absida, ubi inuente sunt tres cruces.[17]

---

10   En términos generales, la palabra "martyrion" podía referirse a una capilla o iglesia, pero más específicamente identificaba el santuario de un mártir.

11   Como observa Wilkinson (2002: 364), los peregrinos tardíos que utilizan el término, como Adomnán, se basan en fuentes más antiguas.

12   Véase, por ejemplo, Egeria, *Itinerarium*, 25.8, 25.10, 27.3, 30.1.

13   Véase, por ejemplo, la *Crónica Pascual*, 531.

14   Véase, por ejemplo, Egeria, *Itinerarium*, 25.1.

15   Entre otros, el peregrino de Piacenza, *Itinerarium*, 172. El término "Anastasis" es aplicado por algunos autores a la totalidad del complejo, lo cual tiene el efecto de enfatizar la importancia del Sepulcro sobre todas las otras estructuras que lo integraban. Sin embargo, los peregrinos contemporáneos, quienes conocían directamente el complejo por haberlo visitado personalmente, son siempre cuidadosos en distinguir los diferentes edificios.

16   Wilkinson realiza una distinción entre una versión temprana, que data en el siglo IV, y dos versiones tardías y reformuladas (A y B), que data en el siglo VI (2002: 3-4). La referencia a la basílica con el nombre de "San Constantino" está atestiguada en la versión reformulada que Wilkinson identifica como A. Puesto que no hay evidencias fehacientes de que Constantino haya sido venerado como santo antes del siglo VII, no parece posible datar la versión A en una fecha previa a ese período. De hecho, dadas las dificultades que existen para establecer una fecha confiable de composición, es quizás preferible centrarse en el *terminus ante quem* provisto por uno de los dos manuscritos que atestiguan la versión A (el Oxoniensis Laud., Misc. 263): es decir, el siglo IX.

17   *Breviario de Jerusalén*, 109; véase Wilkinson, 2002: 117-19.

                                          Fernando Ruchesi (ed.)

*Deinde ad sacrarium de basilica sancti Constantini, ubi est cubiculum,
ubi est ille calamus et illa spongea et ille calix, quem benedixit Dominus
et dedit discipulis suis bibere et ait : Hoc est corpus meum et sanguis
meus.*[18]

Desde allí se entra a la iglesia de San Constantino. El gran ábside al
oeste es el lugar donde se encontraron las tres cruces y sobre él hay
un altar de plata y oro puro.

Luego se entra al sagrario de la basílica de San Constantino. Allí hay
una cámara que contiene la caña y la esponja, y la copa que el Señor
bendijo y dio a beber a sus discípulos, diciendo: "Esto es mi cuerpo
y mi sangre".

En una primera lectura, esta referencia puede parecer poco significativa. La "iglesia de San Constantino" podría ser entendida como una variación de la "iglesia de Constantino", una designación muy popularizada
que sólo pretendía indicar la identidad del fundador del santuario. Sin
embargo, a medida que la denominación se va tornando más frecuente en
las fuentes, no es posible mantener esa suposición. En los primeros años
del siglo IX, un grupo de enviados carolingios a Tierra Santa produjo
una serie de documentos para informar a Carlomagno de la situación
de las iglesias y monasterios en Jerusalén y Palestina.[19] Al describir las
medidas de los tres santuarios principales del complejo de Constantino,
uno de estos documentos, que podemos identificar como la *Memoria*,
se refiere nuevamente a la basílica con el nombre de "San Constantino".

*Illa ecclesia de sepulchro Domini: in giro, dexteros cvii; illa alcuba,
liii; a sancto Sepulchro usque ad sanctum Caluarium, dexteros xxvii; a
sancto Caluario usque ubi sancta Crux inuenta fuit, dexteros xviiii; inter
sanctum Sepulchrum et sanctum Caluarium et sanctum Constantinum:
illorum tectum in integrum habet in longo dexteros xcvi, in aduerso xxx.*[20]

---

18   *Ibid.*, 110-111; véase Wilkinson, 2002: 117-19.

19   Los tres documentos, tal como los describe M. McCormick (2011: xx), son un "inventario
de las casas y monasterios de Dios dentro y alrededor de la Ciudad Santa de Jerusalén",
un "memorial de los monasterios que están en la Tierra Prometida fuera de Jerusalén",
y los "gastos anuales del patriarca". La mención de la basílica constantineana está
comprendida en el segundo de estos documentos.

20   *Memoria*, 216.

La iglesia del Sepulcro del Señor: circunferencia, 107 *dexteros*; la cúpula, 53; desde el Santo Sepulcro hasta el Santo Calvario, 27 *dexteros*; desde el Santo Calvario hasta donde se descubrió la Santa Cruz, 19 *dexteros*; incluyendo el Santo Sepulcro y Santo Calvario y San Constantino: su techo en total es de 96 *dexteros* de largo, 30 de ancho.

Como podemos ver, la *Memoria* identifica tres santuarios dentro del complejo: los del Santo Sepulcro, Santo Calvario y San Constantino. Está claro, en este caso, que en este contexto el nombre "San Constantino" es utilizado de la misma manera que "Santo Sepulcro" y "Santo Calvario": es decir, para indicar la denominación de la iglesia. La misma utilización reaparece, una vez más, en el *Itinerario* de Epifanio, una guía del siglo IX para los peregrinos que visitaban Tierra Santa. Al describir el complejo constantiniano en Jerusalén, Epifanio también se refiere a la basílica como "San Constantino".

Καὶ μέσον αὐτῶν, ἔστιν ὁ κῆπος τοῦ ἰωσὴφ· καὶ πρὸς βορρὰν τοῦ κήπου, ἔστιν ἡ φυλακὴ, ὅπου ἦν ὁ χριστὸς ἀποκεκλεισμένος· καὶ ὁ βαραβὰς· καὶ μέσον τῆς φυλακῆς καὶ τῆς σταυρώσεως, ἔστιν ἡ πύλη τοῦ ἁγίου κωνσταντίνου· ἐν ᾧ εὑρέθησαν οἱ τρεῖς σταυροὶ (…).[21]

Καὶ εἰς τὸ ἀριστερὸν μέρος τοῦ ἁγίου κωνσταντίνου, ἔστιν ἡ εἰκὼν τῆς ὑπεραγίας θεοτόκου· ἡ κωλύουσα τὴν ὁσίαν μαρίαν τοῦ εἰσελθεῖν εἰς τὸν ναὸν τῇ τῆς ὑψώσεως ἡμέρᾳ.[22]

Entre estos edificios [el Sepulcro y el Calvario] se encuentra el jardín de José, y al norte del jardín está la sala de guardia donde estuvieron presos Cristo y Barrabás. Y entre la sala de guardia y la Crucifixión está la puerta de San Constantino; allí se encontraron las tres cruces.

Y en el lado izquierdo de San Constantino está el ícono de la muy santa Theotokos, que prohibió a Santa María entrar en la iglesia el día de la Exaltación.

La misma denominación, de hecho, puede ser encontrada en la *Historia* de Yahya de Antioquía (siglos X al XI). Al narrar los acontecimientos que tuvieron lugar en Jerusalén durante el siglo VII –el saqueo de la ciudad por Cosroes II y su posterior reconstrucción–, Yahya alude

---

21   Epifanio, *Itinerario*, 67.

22   *Ibidem*, 68; véase Wilkinson, 2002: 208.

Fernando Ruchesi (ed.)

a la basílica de Constantino como la iglesia de "Mar Constantino".[23] Anacrónicamente, el autor estaba aplicando a la iglesia del siglo VII la denominación por la que había llegado a ser conocida en su propia época.

La [multitud] se reunió cerca de las puertas [de la iglesia], prendió fuego a las puertas de Mar Constantino (مار قسطنطين) y entró hasta la Resurrección. Al encontrarla cerrada, también prendió fuego a sus puertas.[24]

Los judíos estaban causando más destrucción y devastación que los musulmanes. Cuando al día siguiente, un martes, encontraron al patriarca escondido dentro de una cisterna de aceite en la iglesia de la Resurrección, lo mataron, lo arrastraron al patio de Mar Constantino (مار قسطنطين) , y lo prendieron fuego luego de sujetarlo a un pilar.[25]

En la época del patriarca de José y Orestes, se nombró a un *synkellos* llamado Çadaqah-ibn-Biehr en la iglesia de la Resurrección. Allí construyó la basílica y terminó lo que faltaba por hacer, salvo la cúpula de Mar Constantino (مار قسطنطين) que, siendo de gran tamaño, quedó inconclusa.

Cuando Arsenio, patriarca de Alejandría, gobernó la sede de Jerusalén después de la partida de su padre Orestes a Constantinopla, la cúpula de Mar Constantino (مار قسطنطين) fue concluida y restaurada como había sido antes.[26]

Si aún persistiese alguna duda, dos fuentes del período meso-bizantino terminan de clarificar la cuestión. La crónica de Teófanes (siglo IX) y la *Vita Constantini* BHG 364 (siglos IX al X), editada por M. Guidi (en adelante, Guidi Vita), no solo confirman la denominación de la basílica, sino que proporcionan también una explicación (legendaria) para su surgimiento. Según estos dos autores, fue la emperatriz Helena

---

23 El complejo constantineano fue destruido por el califa Fatimida Al-Hakim durante la vida de Yahya, en 1009, y no existe evidencia de que el nombre "San Constantino" continuase siendo utilizado tras la reconstrucción de la iglesia por el emperador Constantino XI Monómaco.

24 Yahya de Antioquía, *Historia*, 801. Los presentes fragmentos se encuentran basados en la traducción francesa.

25 *Ibid.*, 802.

26 *Ibid.*, 803.

quien decidió dedicar una iglesia a su hijo, San Constantino,[27] en el lugar donde descubrió la Verdadera Cruz.[28]

Τότε δὲ καὶ ἐκκλησίας ἐκέλευσε κτισθῆναι ἔν τε τῷ ἁγίῳ μνήματι καὶ ἐν τῷ κρανίῳ καὶ ἐπ᾽ ὀνόματι τοῦ ἑαυτῆς υἱοῦ, ἔνθα εὑρέθη τὸ ζωοποιὸν ξύλον (…).[29]

Luego [Helena] también ordenó que se construyeran iglesias en el Santo Sepulcro, en el Calvario, y, en el nombre de su hijo, en el lugar donde se descubrió la madera vivificante (…).[30]

---

27   La noción de que Helena hubiese dedicado un santuario a su propio hijo puede resultar llamativa, pero existen, de hecho, otras tradiciones similares. Ana Komnena, por ejemplo, refiere que Helena había construido una iglesia en nombre de su hijo sobre el puente del río Rhyndakos, y que el puente había tomado su nombre de esa iglesia. El pasaje de Ana Komnena es digno de tomar en consideración, porque su interpretación ha sido objeto de algunos desacuerdos. El pasaje griego está formulado de la siguiente forma: τὴν ἐν τῷ ποταμῷ γέφυραν, ἐν ᾗ καὶ τέμενος πάλαι παρὰ τῆς ἁγίας ᾠκοδόμητο Ἑλένης ἐπ᾽ὀνόματι τοῦ μεγάλου Κωνσταντίνου, ἐξ ὧν τὴν ἐπωνυμίαν ἡ γέφυρα μέχρι καὶ νῦν ἐκτήσατο (*Alexíada*, 6.13.2). R. Janin, reticente a admitir que Helena pudiese haber dedicado un santuario a su propio hijo, sugirió que Ana Komnena había cometido un error: "Le rapport entre le nom du pont et celui d'une église ne sera pas mis en doute; mais l'affirmation de l'historienne ne peut provenir que d'une confusion"; "l'expression ἐπ᾽ὀνόματι a un sens spécial qu'il nous semble impossible d'admettre dans ce passage, comme si Hélène avait pu dédier une église a son fils; et pour admettre qu'elle aurait agi au nom de son fils il faudrait quelque indice" (Janin, 1975: 205, n. 6). No hay duda, sin embargo, de que la expresión indica una dedicatoria, tal como lo establece correctamente B. Leib en su traducción francesa (1967: 80) "…ainsi que le pont du fleuve, à l'endroit où jadis un sanctuaire fut construit par sainte Hélène en l'honneur du grand Constantin, d'où le nom que porte ce pont aujourd'hui encore", y también E. Dawes en su traducción inglesa (2000: 116): "…the bridge over the river, on which a shrine to the memory of Constantine the Great was built of old by St. Helena, and from this the bridge took, and still takes, its name" (véase también Hasluck, 1905/1906: 189). Por supuesto, las iglesias dedicadas por Helena a San Constantino pertenecen al ámbito de las leyendas hagiográficas. Pero, más allá de eso, es interesante observar que la supuesta dedicatoria de la basílica de Jerusalén formaba parte de una tradición más amplia que le atribuía a Helena la promoción del culto a San Constantino en diferentes regiones del Imperio.

28   La noción de que la Cruz había sido encontrada en un tercer lugar, diferente tanto del Sepulcro como del Calvario, está bien atestiguada para el siglo IX por las fuentes bizantinas y por los peregrinos a Tierra Santa. Este "tercer lugar" fue, eventualmente, identificado con el altar de la basílica constantiniana (véase n. 7).

29   Teófanes, *Cronografía*, 26.

30   C. Mango y R. Scott (1997: 42) traducen el pasaje de la siguiente manera: "then she also ordered that churches be built at the Holy Sepulchre and at Calvary in the name of her son, where the life-giving cross was discovered…". Esta traducción es problemática, porque implica que el Calvario era tanto el lugar donde se encontró la Cruz como el lugar en el que se construyó la iglesia en nombre del hijo de Helena (i.e., la iglesia de San Constantino). Mucho antes, sin embargo, Ch. Rohault de Fleury (1870: 50), siguiendo la traducción latina de Teófanes, había identificado correctamente la iglesia de San Constantino como un santuario independiente: "Elle fit élever une église sur le

        Fernando Ruchesi (ed.)

Τότε καὶ ἐκκλησίας κατὰ τοὺς τόπους ἐν οἷς ὁ κύριος ἡμῶν Ἰησοῦς Χριστὸς διὰ τὴν ἡμετέραν σωτηρίαν περιεπάτησε καὶ τὰ παράδοξα εἰργάσατο θαύματα ἡ μακαρία αὕτη καὶ ἁγία τῷ ὄντι βασίλισσα Ἑλένη ἐκέλευσε κτισθῆναι· ἐν μὲν πρώτοις ἐν Ἱεροσολύμοις ἔνθα εὑρέθη τὸ ζωοποιὸν ξύλον τοῦ πανσέπτου σταυροῦ ἐπ᾽ ὀνόματι τοῦ ἑαυτῆς υἱοῦ ἐκκλησίαν τὸν ἅγιον Κωνσταντῖνον ἐδείματο.[31]

Entonces esta bendita y verdaderamente santa emperatriz Helena ordenó que se construyeran iglesias en los lugares donde nuestro Señor Jesucristo había caminado para nuestra salvación y realizado sus extraordinarios milagros; para empezar, construyó en Jerusalén, en el lugar donde se encontró la madera vivificante de la muy sagrada cruz, una iglesia llamada San Constantino,[32] en nombre de su hijo.[33]

Si solo contásemos con el testimonio de Teófanes y la Guidi Vita, podríamos sospechar que el nombre de "San Constantino" dado a iglesia

---

saint sépulcre & et le Calvaire, une autre, au nom de son fils, à l'endroit où la croix vivifiante avait été trouvée". De Fleury (1870: 48, n. 1) comete, sin embargo, otro error, que consiste en identificar las iglesias del Calvario y del Sepulcro como un solo edificio (de hecho, el error está ya presente en la traducción latina de Teófanes: *Ecclesiam quoque jussit extrui in Sancto Sepulcro & in Calvario, & singularem aliam de filii sui nomine ubi vivifica crux reperts est*). En realidad, la repetición de la conjunción καὶ (después de μνήματι y después de κρανίῳ) indica claramente que había *tres* sitios diferentes (Sepulcro, Calvario y lugar del descubrimiento de la Cruz), cada uno con su propia iglesia, y que la tercera iglesia (es decir, la basílica constantiniana) era la que recibió el nombre del hijo de Helena.

31 *Vita Constantini* BHG 364, 643-44.

32 Es posible que el autor anónimo de la Guidi Vita se haya basado en Teófanes para esta aserción. Sin embargo, su elaborada narrativa del viaje de Helena a Tierra Santa, que no se encuentra atestiguada por ninguna fuente previa, indica que utilizó también otros materiales. Uno de estos materiales parece haber sido una guía de peregrinos a Jerusalén y Palestina que presenta numerosos puntos en común con el *Itinerario* de Epifanio y puede ser vinculada a su tradición textual (véase Schneider, 1940: 143–154; Wilkinson, 2002: 387). Este es un detalle relevante, puesto que la guía reflejaba sin duda un conocimiento directo de Tierra Santa y podría, de hecho, haber contenido una referencia al nuevo nombre de la basílica.

33 F. Beetham traduce el pasaje del siguiente modo: "…she dedicated a church in the name of her son, Saint Constantine, in Jerusalem, where was found the life-giving wood of the Cross that is altogether to be revered" (Lieu and Montserrat, 2003: 135). Pese a que el sentido del original se preserva en términos generales, cabe notar que, en el texto griego, el nombre "San Constantino" no está destinado a precisar la identidad del hijo de la emperatriz, sino específicamente el nombre de la iglesia. Pese a su sutileza, la diferencia es relevante para el propósito de establecer con claridad la denominación de la basílica. J. Wilkinson (2002: 388) traduce el mismo pasaje de forma más precisa: "…in Jerusalem she founded a church where the life-giving Wood of the all venerable Cross was found, and called it 'Saint Constantine' after her son's name".

no era más que la expresión en una leyenda hagiográfica. Sin embargo, el uso generalizado de esta denominación por parte de autores que poseían un conocimiento directo de la Jerusalén de los siglos VIII y IX (como Epifanio y el autor anónimo del *Breviario*), y que, en algunos casos, carecían de cualquier interés específico en promover el culto a Constantino (como los enviados de Carlomagno, quienes pretendían, por el contrario, asegurar una cierta influencia franca sobre Tierra Santa) no deja lugar a dudas respecto a la historicidad del nuevo nombre. En ese sentido, es posible afirmar con certeza que, en cierto momento previo al siglo IX, Constantino había pasado de ser considerado el fundador del *Martyrion* de Jerusalén para a convertirse en su santo patrono.

Las implicancias de este cambio no son menores. En sí misma, la dedicación de una iglesia a un emperador santo carece de relevancia particular. La práctica no era infrecuente en la época bizantina y parece haberse tornado crecientemente común a lo largo del tiempo. Sin embargo, Constantino era un santo con características particulares, y lo mismo es posible decir respecto al *Martyrion*. Y es, precisamente, la asociación de uno de los santuarios más importantes de Jerusalén –santuario que se encontraba, por otra parte, flanqueado por los dos lugares más sagrados de la cristiandad, el Calvario y el Sepulcro de Cristo– con el culto a un emperador bizantino lo que resulta particularmente significativo. Esta asociación, sin duda, no fue azarosa. Pese a que el nuevo nombre de la iglesia emergió a partir de una denominación ya popularizada (solo había un paso, aunque un paso importante, entre la "iglesia de Constantino" y la "iglesia de San Constantino"), el cambio fue suficiente para resignificar toda la connotación simbólica del santuario. Y, junto con él, su dimensión política y social en la Jerusalén medieval.

La fecha de la nueva dedicación, en ese sentido, es de fundamental importancia.[34] Nuestras fuentes indican que la basílica ya era conocida por su nuevo nombre durante el siglo VIII, puesto que tanto los enviados carolingios como Teófanes la denominaban como "San Constantino" durante primera década del siglo IX.[35] El hecho de que otros santuarios,

---

34   No está claro si la rededicación recibió sanción oficial en algún momento, pero es posible que el cambio de denominación haya sido apoyado (y quizás promovido) por las autoridades religiosas.

35   La *Memoria* fue compuesta en 808, aunque los enviados carolingios habían estado presentes en Tierra Santa desde fines del siglo VIII. La *Cronografía* habría sido completada hacia 815 (véase, entre otros, Treadgold, 2013: 39).

                                        Fernando Ruchesi (ed.)

como la famosa iglesia del Foro de Constantino en Constantinopla, hayan sido aparentemente dedicados a San Constantino durante el mismo período,[36] respalda la posibilidad de que la transición haya tenido lugar durante el siglo VIII. El detalle es relevante, porque sugiere que la nueva dedicación puede ser interpretada en el contexto de la rápida expansión del culto a Constantino que tuvo lugar a lo largo de ese mismo período.

Pese a que los orígenes del culto a San Constantino en Bizancio son escasamente conocidos, hay evidencias de que ya se hallaba difundido en el siglo VII[37] y de que fue expandiéndose con rapidez durante los siglos VIII y IX.[38] Sin duda, las circunstancias de este desarrollo no fueron fortuitas. Las dificultades afrontadas por los bizantinos, y, en términos generales, por los cristianos de Oriente durante ese período (la invasión persa, las conquistas árabes y el surgimiento de un Imperio cristiano rival en Occidente) provocaron una crisis que no solo fue social, política y económica, sino también profundamente simbólica. En ese marco, como lo ha señalado C. Mango (1980-1981:109-110), no resulta sorprendente que los bizantinos se hayan volcado hacia Constantino en búsqueda de un nuevo sentido histórico para el Imperio.

El cambio de denominación del *Martyrion* de Jerusalén adquiere, en este contexto, una relevancia particular. El hecho de que Tierra Santa se hubiese perdido definitivamente en términos militares y políticos a partir del siglo VII no impedía, en efecto, reivindicarla en términos simbólicos. Resulta significativo, en ese sentido, que el mismo período haya sido testigo de un renovado interés por el viaje de la emperatriz Helena a Jerusalén, y que su recorrido por Palestina haya sido progresivamente reelaborado a través de numerosos elementos ficcionales. Uno de los mejores ejemplos de este fenómeno está dado por la *Vita Constantini* editada por M. Guidi, en la cual se atribuye a Helena la realización de

---

36 Véase Mango (1980-1981: 109-110).

37 J. Nesbitt ha resaltado la existencia de un sello del siglo VII, publicado por V. Laurent, que representa un santo identificado como "San Constantino" (véase Laurent, 1972: 228 [n° 1922]; Nesbitt, 2003: 23-39). El culto de San Constantino, por ende, se encontraba ya vigente para esa época.

38 La primera evidencia de una celebración litúrgica dedicada a San Constantino y Santa Helena proviene del siglo VIII, como lo atestigua el MS Add. 4489. Durante el mismo siglo, las fuentes también comienzan a referirse a Constantino como "santo" (véase, por ejemplo, *Parastaseis*, cap. 69), y, como se lo ha señalado más arriba, algunas iglesias comenzaban a ser dedicadas al emperador. A lo largo de este período, por otra parte, se habrían producido también las primeras vidas hagiográficas de Constantino (véase Winkelmann, 1987).

un extenso recorrido por Judea y Galilea que habría estado marcado por la construcción de numerosas fundaciones religiosas (iglesias y monasterios) en los lugares "por los que había caminado Jesús".[39] La elaboración de esta leyenda, que muy probablemente precede a la composición de la Guidi Vita, da cuenta de una voluntad de asociar la memoria de Helena con diversos edificios religiosos de la Palestina del siglo IX, sin duda como una estrategia destinada a mantener vivo el recuerdo de la presencia bizantina en esos territorios, y, al mismo tiempo, de enfatizar la legitimidad de su reivindicación sobre ellos.

El nuevo nombre del *Martyrion* ha de ser entendido, probablemente, en términos similares. Sin duda, la presencia de una iglesia de San Constantino –el "patrono del Imperio Bizantino", como lo ha definido C. Mango– en el corazón de Jerusalén constituía una forma de recordar a los habitantes de Palestina y a los numerosos peregrinos, cualquiera fuese su origen y adscripción religiosa, el vínculo indisoluble que unía el Imperio con aquellos territorios. En ese sentido, la iglesia de "San Constantino" habría constituido una pieza más –y, podemos suponer, una pieza de particular importancia– en el proceso de (re)territorialización simbólica a través del cual el Imperio reivindicó sus derechos sobre Tierra Santa.

Bibliografía

Fuentes

ADOMNAN = ed. Bieler, L. (1965), *Adomnani, De locis sanctis*, Corpus Christianorum, Series Latina 175. Turnhout : Brepols, pp. 177–234.

ALEJANDRO EL MONJE, *Descubrimiento de la Cruz* = ed. y trad. W. Nesbitt, J. (2003), "Alexander the Monk's Text of Helena's Discovery of the Cross (*BHG* 410)," en Nesbitt, J. W. (ed.), *Byzantine authors: Literary Activities and Preoccupations*, Leiden – Boston: Brill, 2003, pp. 23-42.

AMBROSIO DE MILÁN, *De obitu Theodosii* = ed. Zimmerl-Panagl, V. (2021), *Ambrosius Mediolanensis. Orationes funebres I. In psalmum 61 / De obitu Gratiani. De consolatione Valentiniani / De obitu Valentiniani De obitu Theodosii*, Corpus Scriptorum Ecclesiasticorum Latinorum 106. Berlin – Boston : De Gruyter, pp. 223-244.

ANNA COMNENA, *Alexíada* = ed. Lieb, B. (1967), *Anne Comnène, Alexiade*, vol. 2. Paris: Les Belles Lettres. eds. Reinsch, D.R. y Kambylis, A. y (2001), *Annae Comnenae Alexias*, Berlin - New York: De Gruyter.

---

39 De hecho, como se lo ha señalado más arriba, la basílica de San Constantino era considerada como una de las primeras fundaciones de Helena en Tierra Santa (*Vita Constantini* BHG 364, 643-48).

Fernando Ruchesi (ed.)

BREVIARIO DE JERUSALÉN = ed. Weber, R. (1965), *Breviarius de Hierosolyma*, Corpus Christianorum, Series Latina 175. Turnhout: Brepols, pp. 107–112.

CRÓNICA PASCUAL = ed. Dindorf, L. (1832), *Chronicon Paschale*. Bonn: Weber.

EGERIA = Brodersen, K. (2016), *Reise ins Heilige Land*. Berlín – Boston: De Gruyter.

EUSEBIO DE CESÁREA, *Vita Constantini* = ed. Winkelmann, F. (1975), *Eusebius Werke, Band 1.1: Über das Leben des Kaisers Konstantin*. Berlin: Akademie Verlag.

EPIFANIO, *Itinerario* = ed. Donner, H. (1971), "Die Palästinabeschreibung des Epiphanius Monachus Hagiopolita", *Zeitschrift des Deutschen Palästina-Vereins*, 87/1, pp. 42–91.

GELASIO DE CESÁREA, *Historia Eclesiástica* = ed. Wallraff, M. et al. (2018), *Gelasius of Caesarea. Ecclesiastical History. The Extant Fragments*. Berlín – Boston: De Gruyter.

MEMORIA = McCormick, M. (2011), *Charlemagne's Survey of the Holy Land*. Washington D.C.: Dumbarton Oaks Research Library and Collection.

PARASTASEIS = eds. Cameron, A. y Herrin, J. (1984), *Constantinople in the Early Eight Century: the Parastaseis Syntomoi Chronika*. Leiden: Brill.

PEREGRINO DE BURDEOS = Brodersen, K. (2016), *Itinerarium A Burdigala Hierusalem Usque Et Ab Heraclea Per Aulonam Et Per Urbem Romam Mediolanum Usque*, en *Reise ins Heilige Land*. Berlín – Boston: De Gruyter.

PEREGRINO DE PIACENZA = ed. Geyer, P. (1965), *Ps. Antonini Placentini Itinerarium*, Corpus Christianorum, Series Latina 175. Turnhout: Brepols, pp. 128-174.

SÓCRATES, *Historia Eclesiástica* = ed. Hansen, G.C. (1995), *Socrates Scholasticus, Historia ecclesiastica*. Berlín: Akademie Verlag.

SOZÓMENO, *Historia Eclesiástica* = eds. Bidez, J. y Hansen, G.C. (1995), *Sozomenus. Kirchengeschichte*. Berlín: Akademie Verlag.

VITA CONSTANTINI BHG 364 (Guidi Vita) = ed. Guidi, M. (1907), "Un ΒΙΟΣ di Constantino", *Rendiconti delta Reale academia dei Lincei, Classe di Scienze Morali, Storiche e Filologiche*, 5° Ser. 16, pp. 304–40 y 637–60.

YAHYA DE ANTIOQUÍA = Kratchkovsky, I. y Vasiliev, A. (1924), *Histoire de Yahya-Ibn-Sa'ïd d'Antioche*, Patrologia Orientalis 18. Paris.

Bibliografía específica

DAWES, E. (2000), *Anna Comnena. The Alexiad*. Cambridge, Ontario: parentheses Publications.

CAMERON, A. y HALL, S. (1999), *Eusebius. Life of Constantine*. Oxford: Clarendon Press.

HASLUCK, F. W. (1905/1906), "A Roman Bridge on the Aesepus," *The Annual of the British School at Athens*, Vol. 12, pp. 184-189.

JANIN, R. (1975), *Les églises et les monastères des grands centres byzantins*. París: Institut français d'études byzantines.

JEREMIAS, J. (1926), "Wo lag Golgotha und das Heilige Grab?", *Angelos* 1, pp. 141-73.

LAURENT, V. (1972), *Corpus des sceaux de l'empire byzantin*, V/3. París: Éditions du Centre National de la Scientifique.

LIEU, S. y MONTSERRAT, D. eds. (2003), *From Constantine to Julian: Pagan and Byzantine Views. A Source History*. Londres – Nueva York: Routledge.

MANGO, C. (1980-1981), "Constantine's Porphyry Column and the Chapel of St. Constantine," Δελτίον ΧΑΕ 10, Περίοδος Δ'. Στη μνήμη του Ανδρέα Γρηγ. Ξυγγόπουλου (1891-1979), pp. 103-110.

MANGO, C. y SCOTT, R. (1997), *The Chronicle of Theophanes Confessor*. Oxford: Clarendon Press.

NESBITT, J. (2003), "Alexander the Monk's Text of Helena's Discovery of the Cross [BHG 410]," en Nesbitt, J. (ed.), *Byzantine Authors. Literary Activities and Preoccupations*. Leiden – Boston: Brill.

ROHAULT DE FLEURY, Ch. (1870), *Mémoire sur les Instruments de la passion de notre Seigneur Jésus Christ*. París.

SCHNEIDER, A. M. (1940), "Das Itinerarium des Epiphanius Hagiopolita," *Zeitschrift des Deutschen Palästina-Vereins* [1878-1945], Bd. 63, H. 3/4, pp. 143-54.

TREADGOLD, W. (2013), *The Middle Byzantine Historians*. New York: Palgrave Macmillan.

WALKER, P. (1990). *Holy City, Holy Places? Christian Attitudes to Jerusalem and the Holy Land in the Fourth Century*. Oxford: Clarendon Press.

WILKINSON, J. (2002), *Jerusalem Pilgrims before the Crusades*. Warminster: Aris & Phillips.

WINKELMANN, F. (1987), "Die älteste erhaltene griechische hagiographische Vita Konstantins und Helenas [BHG, Nr. 365z, 366, 366a]", en Dummer, J. (ed.), *Texte und Textkritik. Eine Aufsatzsammlung*, Berlín: Akademie Verlag.

Fernando Ruchesi (ed.)

Capítulo V

Integración e influencia de grupos eslavos en el periodo temprano bizantino

Emilio Nicolás Antonio Vallejos Zacarías
IIGHI (CONICET/UNNE)

El movimiento de un número relativamente importante de pueblos migrantes hacia el territorio balcánico del Imperio romano de Oriente, entre los siglos VI y VIII, puso en marcha algunas de las transformaciones más importantes en la transición tardoantigua del Estado y la sociedad romanas. Diversas tribus, de muy diferentes orígenes y trasfondos culturales, se asentaron en la frontera norte del Imperio (instalada en el río Danubio), y con el tiempo ingresaron a territorio imperial, a través de una serie de incursiones militares en coalición con otras tribus o por su cuenta.

En términos generales, este proceso es uno particularmente oscuro y poco conocido debido a la naturaleza fragmentaria y, por momentos, contradictoria de las fuentes disponibles. Los avances en la arqueología, han permitido problematizar supuestos y teorías, particularmente el concepto de la migración de estos pueblos (Curta, 2020: 44-49; Curta en Preiser-Kapeller y Stouraitis 2020: 101-107).

Nuestro estudio, expresado en el presente capítulo, se ha enfocado en el ingreso, actividades y asimilación de un grupo de tribus particular, las de los eslavos, dentro del territorio que el Imperio Romano de Oriente (convencionalmente llamado Bizantino) afirmaba como propio. En ocasiones, dicho territorio podía ser considerado soberano bajo el poder de Constantinopla de forma efectiva o, como es el caso de partes de Macedonia, Dalmacia, Epiro y la Grecia continental desde mediados del siglo VII, de manera nominal.

Sabemos que desde la segunda mitad del siglo VI, la región de los Balcanes recibió la migración de grupos de nómades asiáticos y de tribus eslavas en números cada vez mayores. En un principio, los movimientos de tribus nómades estaban vinculados a la posibilidad de conseguir botín de las incursiones en territorio Romano. Tal es el caso de los pueblos que las fuentes bizantinas han denominado de forma genérica "hunos" (kutrigures, utrigures, onogures, búlgaros, etc.).[1] Otros grupos buscaron establecer relaciones diplomáticas iniciales y sirvieron en un principio cierto propósito en las maniobras diplomáticas bizantinas, como sucedió con los ávaros desde su paso por Constantinopla en el año 558.[2]

Los eslavos aparecen por primera vez dentro del primer grupo. La primera mención de Procopio sobre los esclavenos los ubica en una incursión cuyo objetivo era Tesalónica. Los esclavenos abandonaron dicha incursión luego de informarse de la presencia del *Magister Militum* de Tracia Germano, dirigiéndose a Dalmacia[3] (Curta, 2001: 75). Los antes, otro grupo eslavo, es mencionado en circunstancias similares. A juzgar por las expediciones de Chilbudio contra los "bárbaros en la orilla opuesta" del río Danubio, los eslavos no debieron estar asentados lejos de esta zona[4] (Curta, 2001: 76). De hecho, la cuestión del lugar de origen de los eslavos se mantiene como un problema de difícil solución, lo cual implica plantear un cuestionamiento (como ha hecho Curta) de la posibilidad misma de una migración de los eslavos al Danubio desde un punto original al norte o noreste de donde las fuentes los ubican.[5]

De la misma manera que esclavenos y antes aparecen en nuestras fuentes participando de incursiones militares contra el imperio, el primer espacio que los vemos ocupar dentro de su estructura es el militar. En efecto, Procopio registra un contingente de antes, de quienes destacaba

---

1   Menandro, frag. 2.1. Sigo la edición de Blockley, 1985. Agatias, V, 11, 1-4, sigo la edición de Ortega Villaro, 2008.

2   Theophanes, AD 557/8: 231-232; Menandro, frag. 5. 1; Pohl, 2018: 21-23.

3   Procopio, VII, 40, sigo la edición de Flores Rubio, 2006.

4   Procopio, VII, 14.

5   Florín Curta ha sido crítico con la idea, propuesta por arqueólogos y lingüistas, de que los "eslavos" como unidad étnica y cultural partieron de una zona geográfica originaria (*Urheimat*, u "hogar original") situada en algún punto entre las fronteras de las actuales Polonia y Ucrania o la región circundante al río Pripet, en Ucrania occidental, y se expandieron por Europa Oriental, Centro-oriental y Sud-oriental. Los argumentos de Curta se centran en los problemas planteados por el uso de la cerámica de tipo Praga, considerada representante de la presencia de la cultura eslava temprana, sin una definición tipológica ni cronológica clara. En su lugar, plantea la posibilidad de pensar en "un área de tradiciones culturales y económicas comunes más amplia". Curta, 2001: 307-308; Curta, 2020: 43-46.

     Fernando Ruchesi (ed.)

que eran "los mejores guerreros de todos cuando se trata de luchar en terrenos difíciles".[6] A veces, algunos de estos individuos podían llegar a ocupar puestos de responsabilidad en el ejército. Agatias relata la presencia de un oficial anto de nombre Dabragezas, quien lideró una fuerza de caballería junto a otro bárbaro de nombre Usigardo en las operaciones militares en Lazica.[7] En este sentido, resulta interesante la perspectiva de Walter Pohl sobre cómo la sinergia entre los grupos de guerreros bárbaros (de diferentes y variadas adscripciones étnicas) y la situación interna en el imperio promovió la carrera de ciertos individuos o grupos de guerreros dentro de la estructura militar imperial.[8]

La tribu de los antes aparece también en la *Crónica* de Theophanes como aliados de los romanos contra los ávaros y sus aliados esclavenos, razón por la que el Khagan de los ávaros habría ordenado su destrucción. Lo interesante es que, a causa de este evento, "una porción de ellos se pasó a los romanos".[9] Teofilacto Simocates registra el mismo evento, especificando que los antes desertaron "en grandes números" al lado del emperador.[10] Este movimiento podría estar enmarcado en el más amplio desplazamiento de pueblos eslavos que otras fuentes registran para finales del siglo VI.

Las incursiones eslavas (particularmente de esclavenos, según las fuentes contemporáneas) continuaron de manera independiente a mediados del siglo, al menos hasta los primeros años de la década del 550. Curta vincula esto posiblemente a la fortificación de la región de los Balcanes llevada adelante por Justiniano y descripta por Procopio en *Sobre los edificios* (*De Aedificiis*). Las incursiones independientes de los esclavenos parecen detenerse, y en adelante aparecen formando parte del contingente de otros grupos como en el caso de la incursión de Zabergan y sus cutrigures (558)[11]. También formaron parte de los ataques ávaros en las últimas décadas del siglo VI, y es en el contexto de estas invasiones que

---

6   Procopio, VII, 22.

7   Agatias, III, 6.

8   "The late Roman State controlled its growing inner tensions through increasing militarization. This offered a highly specialized barbarian warrior caste, which initially belonged to none of the factions surrounding the imperial throne, room for development. Many surrendered their tribal ties in order to become roman soldiers". Véase: Pohl, 2018: 64.

9   Theophanes, AD 601-2: 284-288.

10   Teofilacto Simocates, 5, 8. Sigo la edición de Whitby y Whitby, 1997.

11   Theophanes, AD 558/9: 233-234. Sigo la edición de Mango y Scott, 1997.

se suele ubicar a los movimientos poblacionales de grupos eslavos hacia el sur de los Balcanes y Grecia.[12] Las décadas del 580 y 590 marcaron un punto álgido en los ataques eslavos y ávaros sobre la región, particularmente, en varios casos puntuales de los que disponemos información (Tesalónica, Corinto, Tracia).[13]

Este proceso de movimiento e incursión de grupos eslavos hacia los Balcanes al sur del Danubio continuó y se intensificó durante los gobiernos de Mauricio (582-602), Focas (602-610) y, particularmente, los primeros años del reinado de Heraclio (610-641). Los esfuerzos militares bizantinos, ya sea por medio de expediciones en territorio bárbaro, o a través de maniobras diplomáticas, no parecen haber logrado detener dicho movimiento. Sin embargo, y pese a que la presencia eslava en estas regiones se hace patente desde mediados del siglo VII en adelante, la "migración eslava" se hace elusiva.

Juan de Éfeso, en el tercer libro de su *Historia Eclesiástica*, ofrece un relato dramático de las incursiones de tribus eslavas en territorio imperial. La devastación de fuertes y ciudades y la esclavización de la población se une, en este caso, al libre asentamiento de estos grupos en la región, sin temor a represalias, debido a que las tropas imperiales estaban aun ocupadas en el frente persa.[14] Estas incursiones coinciden con las que tuvo que enfrentar el emperador Mauricio en los primeros años de su reinado, aunque cabe destacar que la violencia retratada en las incursiones coincide con el pesimismo de su autor en un momento en que el movimiento al cual adscribía su fe (la corriente del cristianismo monofisita) era perseguido desde la década del 570 (Louth, 2008: 123-124; Curta, 2001: 48-49).

Otra fuente importante para la datar la presencia de los eslavos en los Balcanes es la compilación de historias de milagros adscriptos a San Demetrio de Tesalónica, recopiladas por Juan, Arzobispo de Tesalónica. En la primera colección se registra un ataque liderado por el Kagan ávaro, en el que se encuentran presentes guerreros eslavos que, de acuerdo al autor, "lo obedecían completamente".[15] Therese Olajos considera este

---

12   Menandro, frag. 21.

13   Entre las fuentes disponibles que recuentan los movimientos ávaro-eslavos en los Balcanes, contamos con el testimonio de los *Milagros de San Demetrio*, la última parte de la *Historia Eclesiástica* de Juan de Éfeso, y la *Historia* de Teofilacto Simocates.

14   Juan de Efeso, III, 6, 24. Sigo la edición de Payne Smith, 1860.

15   *Milagros de San Demetrio*, I, 13, 117. Sigo la edición de Lemerle, 1979.

episodio (fechado en el año 586[16] o 597[17]) como el primer contacto entre los habitantes de la ciudad de Tesalónica y los eslavos.[18] Por otra parte, lo considera preferible a seguir el relato de Juan de Éfeso, bajo el argumento de que el Arzobispo Juan tenía un mayor conocimiento de primera mano de los eventos vinculados a Tesalónica. Curta aconseja una aproximación más cautelosa al texto, teniendo en cuenta su naturaleza homilética y la posibilidad de que haya exagerado el impacto del asedio relatado en el milagro N° 13. Lo que sí nos permiten vislumbrar ambos relatos es la presencia de incursiones (independientes, y también conjuntas con los ávaros) de tribus eslavas en las regiones de Tracia y Tesalónica hacia finales del siglo VI (Olajos, 1985: 510-516; Curta: 2001: 53-54).

El manual militar titulado *Strategikon*, probablemente escrito hacia finales del siglo VI durante el gobierno de Mauricio,[19] provee una visión aparentemente de primera mano sobre costumbres de los eslavos y estrategias para enfrentarse a estos. A partir de información reunida de manera personal y la experiencia acumulada luego de medio siglo de conflictos en la frontera del Danubio, sus consejos militares ofrecen un cuadro de tribus en conflicto frecuente (de cuya situación, el autor sugiere aprovecharse). Lo variado y específico de los consejos y datos contenidos en el apartado refleja la frecuencia de contactos, no solo bélicos, que los romanos mantuvieron con las tribus situadas al otro lado del Danubio.[20]

La infiltración de tribus eslavas en territorio imperial se vincula a estas incursiones (independientes o relacionadas con los movimientos de otros pueblos) contra un imperio presionado en dos frentes. En su camino fueron asentándose en diferentes zonas, incluyendo el límite meridional de los Balcanes en la península del Peloponeso. En ocasiones, el conflicto con la población previamente establecida fue inevitable, en otros casos parece haber existido cierta forma de coexistencia entre distintas poblaciones. Por ende, en algunas zonas, los eslavos pudieron haberse asentado sin gran resistencia. Koder explica esta situación debido

---

16   Curta, 2020: 57.

17   Basándose en la presencia de maquinaria de asedio, elaborada por las propias fuerzas eslavas ante Tesalónica, en el relato del Arzobispo Juan de Tesalónica, Speros Vryonis Jr. ha argumentado que este primer asedio eslavo a la ciudad debió haber ocurrido en el año 597. Vryonis Jr., 1981: 387-389.

18   En el relato del Milagro N° 13, el autor utiliza la frase "la salvaje tribu de los esclavenos" (Σκλαβηνῶν θηριώδη φυλήν) para referirse a los contingentes acompañando a los ávaros.

19   Para el fechado aproximado del *Strategikon*, ver Curta, 2001: 51-52.

20   *Strategikon*, XI, 4. Sigo la edición de Dennis, 1984.

al declive demográfico en la región a raíz del brote de peste de mediados del siglo VI, y porque la presencia militar bizantina estaba concentrada en las zonas y ciudades costeras (Koder, en Preiser-Kapeller y Stouraitis, 2020: 84).

Las primeras décadas del siglo VII atestiguaron la profundización del avance eslavo más allá de los movimientos y estrategias del Khagan ávaro. El asedio a Tesalónica registrado en el primer milagro de la segunda colección de historias de San Demetrio arroja luz sobre algunos cambios importantes en este proceso. El relato nos ilustra sobre la presencia de refugiados cristianos que conocían las tácticas de los eslavos para tomar urbes y fortalezas porque sus ciudades, Naisos (Niš) y Sárdica (Sofia), habían sucumbido ante ellos.[21] Los eslavos ya conocían las técnicas de asedio bizantinas y poseían maquinaria de asedio, tales como arietes, lanza piedras y "tortugas",[22] e intentaron llevar adelante un complejo ataque por tierra y mar, que en última instancia fracasó quizás por la experiencia de los refugiados, quizás por la inexperiencia relativa de los eslavos en la lucha marítima (Lemerle, 1981: 94-99).

También se nombran las regiones por las que los eslavos habrían conducido sus incursiones y saqueos: "Toda la Tesalia, junto con sus islas y aquellas de la Helade, las Cícladas, toda la Acaya, Epiro, y la mayor parte del Ilírico, una parte de Asia…".[23] Esto corresponde a una gran parte del área meridional de los Balcanes, aunque no se nombra la región del Peloponeso, cuyas depredaciones pudieron ser posteriores a esta relación. La presencia de regiones no accesibles vía terrestre (Asia, las islas de la Helade y las Cícladas) implicaría cierta capacidad de organizar partidas de guerra y saqueo y movilizarlas por mar. Jorge de Pisidia había planteado, en *Heraclias,* el peligro que los eslavos representaban por tierra y mar (Curta, 2001: 107). Por otro lado, el autor refiere de manera muy general a una enorme extensión de territorio, sin detenerse en mayores detalles, dando la sensación de operaciones de incursión a gran escala. Pablo el Diácono registró que las incursiones eslavas habían devastado la península de Istría en tiempos del rey lombardo Agilulfo (590-616).[24]

---

21   *Milagros de San Demetrio*, 2, I, 181; 2, II, 200.

22   Sobre cómo y cuándo los ávaros y eslavos aprendieron a construir maquinaria de asedio, véase Vryonis Jr., 1981: 378-390.

23   *Milagros de San Demetrio*, 2, I, 179.

24   Pablo el Diácono, IV, 40. Sigo la edición de Peters, 1975.

     Fernando Ruchesi (ed.)

El estudio de los topónimos se destaca como importante para dilucidar la historia de la migración y los patrones de asentamientos eslavos. Koder afirma, basándose en esta evidencia, que los eslavos que se establecieron en Grecia lo hicieron, sobre todo, en el interior montañoso de las regiones centrales, Epiro y la península del Peloponeso, además de las zonas de Macedonia oriental y en el antiguo Epiro. La mayoría de los asentamientos eslavos, de acuerdo con Koder, consistieron en aldeas situadas en zonas montañosas en el interior, pero la densidad de topónimos eslavos decrece en mayor medida en las zonas costeras (Koder, en Preiser-Kapeller y Stouraitis, 2020: 86-89).

Por su parte, Florin Curta mantiene un prudente escepticismo sobre el modelo de migración de los eslavos, en base a la escasez de la evidencia arqueológica que tenemos a nuestra disposición. Si bien hay ocasiones en que los restos arqueológicos confirman la información de las fuentes escritas (Curta cita a los magiares, ávaros y lombardos), en el caso eslavo, el autor destaca la ausencia de "material esquelético de grandes cementerios" y el hecho de que no poseemos "fuentes escritas que describan la migración de los eslavos en términos explícitos". Ello plantea problemas serios. A esto cabe agregar que no se ha determinado con certeza el punto de partida de dicho movimiento, pese a que se han esbozado teorías del posible *urheimat* eslavo (Curta, en Preiser-Kapeller y Stouraitis, 2020: 116-120).

Lo cierto es que para mediados del siglo VII, los grupos eslavos ya aparecían establecidos o moviéndose a las tierras en las que buscarían asentarse dentro del imperio.[25] Los movimientos de los eslavos hacia el interior del territorio imperial al sur del río Danubio debieron haberse intensificado, sobre todo, luego de la decisión del emperador Heraclio de transferir tropas de los Balcanes al frente oriental para hacer oposición a la amenaza persa (Haldon, 1997: 42-46). El autor de los *Milagros de San Demetrio* hace referencia a la voluntad de establecerse en la ciudad una vez sea tomada por los guerreros eslavos, o en todo caso en sus cercanías, ya que "tenían con ellos, en tierra, a sus familias con sus bagajes, porque iban a asentarlos en la ciudad después de haberla tomado".[26] Incluso,

---

25 Peter Charanis ubica el establecimiento de los eslavos en la región entre los reinados de los emperadores Mauricio y Heraclio. Charanis, 1959: 38.

26 "μεθ' ἑαυτῶν ἐπὶ ξηρᾶς ἔχοντες τὰς ἑαυτων γενεὰς μετὰ καὶ τῆς αὐτων ἀποσκευῆς, ὀφείλοντες ἐν τῇ πόλει μετὰ τὴν ἅλωσιν τούτους ἐγκαταστῆσαι". *Milagros de San Demetrio*, II, 1, 180.

se los llega a nombrar como "nuestros vecinos" en el tercer milagro del segundo libro de la misma obra.[27]

Por otro lado, podemos asumir que eslavos y romanos tuvieron suficientes instancias de contacto como para que algunas de nuestras fuentes intentaran describir sus sociedades con cierto detalle. Procopio, a diferencia del autor de los Milagros de San Demetrio, refiere a dos grupos, esclavenos y antes al referirse a los eslavos. En cuanto a su forma de gobierno, la define como una "democracia" y relata que creen en un dios del relámpago, al que ofrecen sacrificios. También respetan a deidades y espíritus de la naturaleza, y practican la adivinación. Por otro lado, Procopio destaca que ocupan "la mayor parte de la orilla opuesta del Istro" (Danubio, en una zona muy amplia ya que "habitan muy separados unos de otros") y que su forma de vida, en términos generales, es rústica, comparable a la de los masagetas, un pueblo escita descrito por Heródoto.[28] Pese a esto, y en particular, destaca que "no son en absoluto ni malhechores ni gente perversa". Incluso, durante el relato del "falso Chilbudio", nota que entre los eslavos que tomaban prisioneros de guerra podía haber amos "benevolentes", mientras es el prisionero romano quien es caracterizado como "un gran malhechor". Más allá de la autenticidad de la historia y su fuente, el fragmento nos provee información importante para dilucidar la opinión de parte de la sociedad bizantina (la élite de Constantinopla, al menos) sobre los eslavos. Procopio no parece haber tenido una opinión particularmente negativa de los eslavos, quizá por su presencia en el ejército como federados y por la alianza de los antes con Justiniano (o al menos es lo que deja plasmar en esta obra en particular).

El autor de los *Milagros de San Demetrio*, por el contrario, tiene una visión opuesta a la de Procopio respecto a los eslavos. Por un lado, los define de manera general como una "multitud inmensa" ($\pi\lambda\tilde{\eta}\theta o\varsigma$ $\check{\alpha}\pi\epsilon\iota\rho o\nu$), pero no indiferenciada, pues se le adjudican nombres a grupos particulares: drogoubitas, belegezitas, sagoudates, baiounitas, berzetes, y otros. Por otro lado, la reputación de los eslavos para los habitantes es, en el relato del arzobispo, terrorífica por su "despiadado comportamiento en la guerra", según relatan los refugiados que habían sido sus prisioneros de guerra.[29] Para la segunda mitad del siglo VII, los grupos eslavos se

---

27 *Milagros de San Demetrio*, II, 3, 222.
28 Procopio, *Historia de las Guerras*, VII, 14.
29 *Milagros de San Demetrio*, 2, I, 180.

  Fernando Ruchesi (ed.)

volvieron una presencia conocida y normalizada en la región de Macedonia, como indicaría su posterior caracterización como "vecinos".[30]

El *Strategikon* incluye, pese a su naturaleza de manual militar (o quizás en razón de esto), datos "etnográficos" particularmente importantes sobre los eslavos, lo que destaca este apartado con respecto al resto de la obra. Al igual que Procopio, el autor del *Strategikon* divide a los eslavos en dos grupos, pero no los diferencia cultural ni lingüísticamente. Son caracterizados como pueblos tan independientes y aguerridos, como hospitalarios y considerados con los viajeros que transitan por sus tierras. De hecho, la hospitalidad es equiparada con un deber sagrado, cuya inobservancia implica consecuencias severas. Dicha hospitalidad es extendida a los prisioneros de guerra, coincidiendo en este punto con lo registrado por Procopio.[31]

Por otro lado, la desunión y los conflictos internos[32] (llevados a punto tal, en el relato del autor, que resulta difícil que se pongan de acuerdo en una acción común), son detallados como una ventaja a explotar estratégicamente por los romanos. Su desorganización respecto al combate también se destaca, lo cual plantea un problema debido al estilo irregular de enfrentamiento militar de los eslavos. Por esta razón, el autor aconseja precauciones adicionales en operaciones realizadas en áreas forestales, pasos de montaña y lugares donde una emboscada se vuelve factible.[33]

Los grupos eslavos dentro de las fluctuantes fronteras imperiales fueron objeto de decisiones de Estado ya desde el siglo VII. Una de las políticas aplicadas sobre estos grupos, particularmente importante para su integración, fue el traslado de sus poblaciones a otras regiones. Por supuesto, este tipo de política implicaba un traslado forzado por el aparato estatal y podía aplicarse tanto a poblaciones súbditas romanas (cristianos calcedonios y greco parlantes, según la especificación de Stouraitis) como a grupos de extranjeros paganos como el caso eslavo,

---

30   *Milagros de San Demetrio*, 2, II, 231.

31   *Strategikon*, XI, 4.

32   Existen casos de cooperación entre varias tribus eslavas con un objetivo común. El asedio de Tesalónica del 677, que implicó la acción conjunta de rincinos, sagudates y tribus cercanas al rio Strymon, es un ejemplo conocido. Pero no siempre participaban todas de las operaciones militares de otras tribus, y el caso de los belegezitas abasteciendo de grano a la asediada ciudad romana implica que, en ocasiones, su independencia se expresaba a través de acciones que entraban en contradicción con las de otras tribus eslavas. *Milagros de San Demetrio*, 2, IV, 243-245.

33   *Strategikon*, XI, 4, 121-123.

y podía tener diversos objetivos (demográficos, económicos, políticos o militares (Stouraitis, en Preiser-Kapeller y Stouraitis, 2020: 140-143). Esta fue una estrategia ampliamente utilizada por el Estado bizantino, y el primer emperador en emplearla con poblaciones eslavas fue Constante II. Luego de una expedición militar a las zonas ocupadas por tribus eslavas, las llamadas *Sklaviniai*, la población tomada prisionera de estas expediciones fue posteriormente reubicada en Asia Menor[34] (Graebner, 1975: 44).

Quizás porque aún no había tenido tiempo de pasar por una integración más profunda en la región (y asumiendo, como lo hacen Grabner y Curta), esta población desertó a los árabes luego de una expedición de Abd al-Rahman ibn Khalid ibn al-Walid, que los trasladó[35] a Siria (Graebner, 1975: 58; Curta, 2001: 110-111). Justiniano II, luego de una exitosa expedición contra "Sklavinia y Bulgaria"[36] que alcanzó hasta el territorio de Tesalónica, transfirió "una multitud de eslavos" y los "asentó en el área de Opsikion". Además, Theophanes destaca que algunos de estos grupos fueron tomados por la fuerza, mientras que otros "fueron a él" de manera voluntaria.[37] La localización del nuevo asentamiento sugiere que se buscaba reforzar la región cercana a la capital, al mismo tiempo que evitaban, quizás, que los nuevos colonos se unieran a sus enemigos si eran ubicados más al Este como sucedió con el anterior traslado. Un tercer traslado, y según las fuentes el más importante en población, fue el efectuado a instancias de Constantino V (741-775). Según Nicéforo, en su *Breviarium*, una población de 208.000 eslavos cruzó el mar Negro y fue reasentada a orillas del río Artanas en Bitinia.[38]

El objetivo de estos traslados fue doble. Por un lado, el servicio militar seguía siendo un punto de integración para los eslavos dentro de la estructura imperial, en este caso de manera defensiva y con resultados mixtos. Aunque habían pasado al bando enemigo con anterioridad, e incluso habían participado de expediciones árabes contra Bizancio, Justiniano II los organizó como una unidad militar propia (aunque esta también acabó desertando). A raíz de ello, los eslavos participaron de la

---

34 Theophanes Confessor, AD 656/7.

35 Theophanes Confessor, AD 663/4.

36 Curta interpreta que esta *Sklavinia* era un Estado cliente del Khagan búlgaro. Curta, 2001: 112.

37 Theophanes, AD 687/8.

38 Nicéforo Patriarca, 75. Sigo la edición de Mango, 1990.

                                      Fernando Ruchesi (ed.)

defensa de la fortaleza de Loulon y los encontramos al servicio del ejército bizantino con posterioridad de acuerdo a la *Vita Basilii.*[39] Por otro lado, también se pensó su asentamiento como colonos en tierras afectadas por las incursiones árabes y cuyas poblaciones fueron desplazadas. Graebner considera que el establecimiento de colonos eslavos en Asia Menor ayudó en la recuperación económica de la región, al ponerse en producción tierras baldías que fueron objetivo de incursiones militares externas. De esta forma, habrían colaborado también en una recuperación de la capacidad fiscal del imperio (Graebner, 1975: 67-68).

En las regiones europeas, particularmente en Grecia, parte de la población nativa fue desplazada por la llegada de los grupos eslavos. Algunos de ellos se movieron al sur de la península itálica, otros realizaron una migración más corta, a zonas costeras o regiones mejor defendidas (Stouraitis, en Preiser-Kapeller y Stouraitis, 2020: 145-147). Sin embargo, no toda esta población abandonó sus hogares, y una convivencia tuvo que organizarse entre ambas partes.[40]

Un relato dentro de uno de los milagros atribuidos a San Demetrio, y que tiene a un cierto Perboundos como protagonista, contiene información particularmente interesante sobre la posible convivencia romano-eslava para el caso de Tesalónica. Este curioso personaje, rey de la tribu eslava de los Rincinos, vestía a la manera romana, hablaba la lengua romana,[41] y habitaba en la ciudad de Tesalónica.[42] No era el único eslavo "romanizado" en el relato. Llevado en arresto a Constantinopla, bajo acusación del eparca de complotar un golpe militar, Perboundos conoce a un "hermeneuta" (un intérprete, encargado de cuestiones exteriores) que le presta ayuda para escapar. Lemerle considera que es posible que dicho funcionario sea eslavo y que tendría su hacienda en cercanías a territorios eslavizados[43] (Lemerle, 1981: 114-115).

El nombre del hermeneuta no es mencionado por el autor, y aunque podría tratarse de un elemento meramente narrativo para explicar

---

39   *Vita Basili*, V, 66. Sigo la edición de Sevcenko, 2011.

40   Desde mediados de siglo XX en adelante, varios académicos se esforzaron por refutar de manera definitiva las viejas tesis de Jakob Phillip Fallmerayer sobre la predominancia del elemento étnico eslavo en Grecia y la virtual desaparición del griego tardo-antiguo y medieval. Véase: José Marín, 2010: 53-56.

41   "ὡς φορῶν ρωμαῖον σχῆμα καὶ τῇ ἡμετέρᾳ διαλέκτῳ".

42   *Milagros de San Demetrio*, II, 4, 231-234.

43   *Milagros de San Demetrio* II, 4, 234.

el escape de Perboundos de Constantinopla, la presencia de un eslavo como intérprete para ocuparse de la comunicación y negociaciones con tribus que ya se encontraban presentes en territorio imperial no parece algo imposible. Por otro lado, los ciudadanos de Tesalónica reunieron una embajada conjunta con los rincinos (a pedido de estos) para solicitar al emperador, probablemente Constantino IV (668-685) una amnistía para su rey. Si damos crédito a la información contenida en el relato, las relaciones entre ciertos grupos eslavos y los habitantes de Tesalónica eran lo suficientemente cordiales y regulares como para buscar una solución pacífica a un conflicto potencial que se veía como indeseado. El autor parece esforzarse por explicar una apertura de hostilidades de tribus eslavas asentadas en la región contra la ciudad con argumentos que vayan más allá del simple "barbarismo" característico de estos grupos. Además, no todas las tribus eslavas cercanas participaron del asedio a la ciudad, como el caso de los belegezitas, que ayudaron a los sitiados abasteciéndolos con alimentos en Tesalia.[44]

Ciertas regiones, como el Este del Peloponeso, las zonas costeras y ciudades importantes como Tesalónica, Atenas, Corinto, etc., se mantuvieron dentro de la esfera de control efectivo del Estado bizantino y sirvieron como bases para los esfuerzos por reconquistar o asimilar las *Sklaviniai* en los Balcanes (Charanis, 1959: 41). Estos esfuerzos, enmarcados en la búsqueda de recuperar el control perdido en sus territorios europeos, comenzaron a hacerse efectivos a la par que el imperio se recuperaba de los dramáticos cambios y desequilibrios sufridos durante el siglo VII. Si confiamos en el relato de los *Milagros de San Demetrio*, la asimilación cultural de los eslavos en la región de Macedonia y parte de la Grecia continental ya estaba en proceso para la segunda mitad del siglo VII, aunque aún lejos de completarse. Es posible que este proceso haya apoyado los esfuerzos posteriores del Estado de asimilar a los habitantes de las *Sklavinia*.

En este mismo periodo, los eslavos balcánicos eran presa de otro pueblo que llegaba a establecerse en los Balcanes orientales: los búlgaros. El fracaso de la expedición de Constantino IV contra estos implicó el sometimiento de algunas tribus eslavas (Theophanes nombra a las "Siete tribus", lideradas por los "severeis", antiguos clientes del emperador romano) y, al igual que en el caso bizantino, su traslado forzoso a las

---

44   *Milagros de San Demetrio*, II, 4, 232-234; 24.

                                          Fernando Ruchesi (ed.)

fronteras de la región bajo control búlgaro, contra ávaros y bizantinos.[45] El tratado conocido como *"De Administrando Imperio"*, escrito en el siglo X, y por lo tanto muy posterior a los eventos narrados, ubica la migración de otros pueblos eslavos en el reinado de Heraclio: los serbios y los croatas. Según esta historia, croatas y serbios emigraron de otro territorio ubicado más allá de la actual Hungría y cercano al reino de los francos, por invitación de Heraclio a la región de los Balcanes para enfrentarse a los ávaros. Los croatas se asentaron en Dalmacia, mientras que los serbios, luego de un breve paso por la provincia de Tesalónica, se movieron a su posición definitiva en las regiones de "Serbia y Paganía, y el llamado país de los Zachlumi y Terbunia y el país de los Kanalitas" donde fueron bautizados.[46] Florín Curta ha establecido una adecuada crítica a esta narración del establecimiento de estos pueblos, poniendo en tela de juicio la evidencia presentada para apoyar la idea de una migración masiva de estos pueblos para el siglo VII, en favor de una presencia más tardía, datable recién para los siglos VIII o IX (Curta, 2020: 65-70).

Para el siglo VIII, se organizaron expediciones militares apuntadas a los territorios eslavos, con el objetivo de pacificarlas y mantener o recuperar cierto control imperial. Constantino V lanzó una campaña de este tipo en el año 758 (o hacia el 759), contra las *Sklaviniai* de Macedonia. Probablemente la situación en la región no se estabilizó, ya que un par de décadas después se organizó una nueva expedición contra esta misma región y otras de la Grecia continental, liderada por Staurakios. Una nueva unidad administrativo-militar se creó en la zona, luego de la expedición de Staurakios: el *Thema* del Peloponeso[47] (Curta, 2020: 306). Además, la existencia de sellos de *Arcontes* eslavos deja entrever que algunas de estas poblaciones observaron cierta soberanía al gobierno de Constantinopla, quizá a cambio de su autonomía (Auzepy, 2009: 258).

A comienzos del siglo IX, la expansión de la autoridad directa bizantina se sigue con la fundación de nuevos *Themata* en los Balcanes (Macedonia, Strymon), la reconstrucción y repoblación de fuertes y traslados de población a Tracia y el Peloponeso. Theophanes relata que Nicéforo "removió cristianos de todos los *Themata* y ordenó que proce-

---

45   Theophanes, AD 678/9.

46   *De Administrando Imperio*, 31, 10-25; 32, 32, 1-25. Sigo la edición de Moravcsik y Jenkins, 1967.

47   Theophanes, AD 757/8; AD, 782/3.

dieran a las *Sklaviniai* luego de vender sus haciendas". Peter Charanis, aunando esta información con la presente en la *Crónica de Monemvasia*, interpretó que esta población (o parte de ella) habría sido asentada en el Peloponeso luego de la derrota de una sublevación eslava y con el objeto de "cristianizarlos y asimilarlos"[48] (Charanis, 1972: 80-83). De esta forma, la integración a la estructura militar como soldados, a la estructura administrativa como colonos, y los traslados de población fueron decisiones que el Estado bizantino tomó, quizá con otros objetivos en mente, pero contribuyeron a la asimilación de las poblaciones eslavas que se movieron a su territorio.

Algunos de estos individuos consiguieron escalar posiciones en la estructura social y militar y reclamaron lugares de cierta importancia, por su aparición en las fuentes. Poseemos ejemplos destacados. Uno de ellos es el de San Juanicio el Grande (*Hagios Ioannikios*), oriundo de Bythinia en Asia Menor (una región que recibió traslados de población eslavo-búlgara desde los Balcanes), y cuyo apellido, Voilas, ha sido interpretado como de origen búlgaro. También ha sido considerado miembro de una familia de eslavos completamente asimilados a la cultura bizantina y convertidos al cristianismo, a juzgar por los nombres de sus padres. Su primera carrera fue la militar, que siguió hasta el año 795, cuando se retiró al monasterio del Monte Olimpo en Bythinia, cuya influencia parece haber sido importante para la incorporación de los eslavos de la región al cristianismo ortodoxo (Vryonis, 1961: 245-247; Graebner, 1975: 89-90).

La existencia de los arcontes eslavos nos da la idea de otro ámbito de integración de las poblaciones eslavas que no se encontraban (aún) bajo directo control de Constantinopla, pero que reconocían su soberanía de forma más o menos nominal. Algunos incluso lograron llegar a las posiciones más altas del gobierno, como es el caso del patriarca iconoclasta Niketas I, de ascendencia eslava. La asimilación a la cultura bizantina les permitía este movimiento de ascenso social en calidad de ciudadanos bizantinos. En tal sentido, podemos decir que los eslavos y, sobre todo, sus descendientes, adoptaron una identidad bizantina. Esta cuestión es difícil de abordar por la escasez de nuestras fuentes sobre la cuestión identitaria, pero podemos inferir que si llegaron a posiciones tan altas en el Estado y el ejército bizantino, al menos apropiaron aquellos

---

48   Theophanes, AD 809/10.

    Fernando Ruchesi (ed.)

rasgos inherentes a su identidad: adopción del cristianismo calcedonio y de la lengua griega (aunque no son rasgos exclusivos, y ciertamente no todos los ciudadanos romanos compartían estos rasgos), además de otras demostraciones visibles de asimilación (forma de vestir, participación en rituales y ceremonias). En algunos casos, el reconocimiento de la etnicidad de algunos de estos personajes como un otro, buscando diferenciarlo como un "outsider", surgía a partir del conflicto y la competencia por posiciones. Este podría ser el caso de Tomás el eslavo, comandante militar de los "Phoideratoi" del *Thema Anatolikon*, de quien el autor del *Continuador de Theophanes* destaca "nació de padres humildes y pobres quienes, además, descendían de los eslavos que, a menudo, están entremezclados en el este".[49]

Bibliografía

Fuentes

BLOCKLEY, R. C. (ed. y trad.) (1985), *The History of Menander The Guardsman. Introductory Essay, Text, Translation, Historiographical Notes*. Wiltshire: Francis Cairns.

DENNIS, George T. (1984), *Maurice's Strategikon: Handbook of Byzantine Military Strategy*. Filadelfia: University of Pennsylvania Press.

FEATHERSTONE, Michael y SIGNES CODOÑER, Juan (eds. y trads.) (2015), *Chronographiae Quae Theophanis Continuati Nomine Fertur Libri I–IV*. Boston: De Gruyter.

FLORES RUBIO, José Antonio (ed. y trad.) (2006), *Procopio de Cesarea. Historia de las Guerras. Libros V-VI. Guerra Gótica*. Madrid: Gredos.

LEMERLE, Paul (ed.) (1979), *Les Plus Anciens Recueils des Miracles de Saint Démétrius et la Penetration des Slaves dans les Balkans. 2 vols*. Paris: Centre National de la Recherche Scientifique.

MANGO, Cyril y SCOTT, Roger (eds. y trads.) (1997), *The Chronicle of Thophanes Confessor. Byzantine and Near Eastern History, AD 284-813*. Oxford: Clarendon Press.

MANGO, Cyril (ed. y trad.) (1990). *Nikephoros, Patriarch of Constantinople. Short History*. Washington D. C.: Dumbarton Oaks Research Library and Collection.

MORAVCSIK, Gyula y JENKINS, Romilly (ed. y trad.) (1967), *Constantine Porphyrogenitus. De Administrando Imperio*. Washington: Dumbarton Oaks Research Library and Collection.

ORTEGA VILLARO, Begoña (ed. y trad.) (2008), *Agatías. Historias*. Madrid: Editorial Gredos.

---

49   Theophanes Continuatus, I, 10, 77. Sigo la edición de Featherstone y Signes Codoñer, 2015.

PAYNE SMITH, Robert (ed. y trad.) (1860), *The Third Part of the Ecclesiastical History of John of Ephesus Now First Translated from the Original Syriac*. Oxford: Oxford University Press.

PETERS, Edward (ed.) y Foulke, William D. (trad.) (1975), *Paul the Deacon. History of the Lombards*. Philadelphia: University of Pennsylvania Press.

SEVCENKO, Ihor (ed.) (2011), *Chronographiae quae Teophanis Continuati Nomine Fertur Liber quo Vita Basilii Imperatoris Amplectitur*. Berlin: De Gruyter.

WHITBY, Michael y WHITBY, Mary (eds. y trads.) (1997), *The History of Theophylact Simocatta. An English Translation with Introduction and Notes*. Oxford: Clarendon Press.

Bibliografía específica

CURTA, Florin (2001), *The Making of the Slavs. History and Archeology of the Lower Danube Region c. 500-700*. Cambridge: Cambridge University Press.

———— (2020), *Eastern Europe in the Middle Ages (500-1300)*. Leiden: Brill.

———— (2020), "Migrations in the Archaeology of Eastern and Southeastern Europe in the Early Middle Ages (Some Comments on the Current State of Research)", en: Preiser-Kapeller, Johannes *et al* (eds.), *Migration Histories of the Medieval Afroeurasian Transition Zone. Aspects of Mobility between Africa, Asia and Europe, 300-1500 C.E*. Leiden: Brill.

CHARANIS, Peter (1972), *Studies on the Demography of the Byzantine Empire*. Londres: Variorum Reprints.

GRAEBNER, Michael David (1975), *The Role of the Slavs Within the Byzantine Empire, 500-1018*. Ann Arbor: University Microfilms International.

HALDON, John (1997), *Byzantium in the Seventh Century. The Transformation of a Culture*. Cambridge: Cambridge University Press.

KODER, Johannes (2020), "On the Slavic Immigration in the Byzantine Balkans", en: Preiser-Kapeller, Johannes *et al* (eds.), *Migration Histories of the Medieval Afroeurasian Transition Zone. Aspects of Mobility between Africa, Asia and Europe, 300-1500 C.E*. Leiden: Brill.

LOUTH, Andrew (2008), "Justinian and his Legacy (500-600)", en: Shepard, Jonathan (ed.), *The Cambridge History of the Byzantine Empire c. 500-1492*. Cambridge: Cambridge University Press.

MARÍN RIVEROS, José (2010), *La Crónica de Monemvasia. Texto y Contexto*. Valparaíso: Pontificia Universidad Católica de Valparaíso.

OLAJOS, Therese (1985), "Contribution à la chronologie des Premieres Installations des Slaves dans L'Empire Byzantin", *Byzantion* 55/2, pp. 506-515.

POHL, Walter (2018), *The Avars. A Steppe Empire in Central Europe, 567-822*. Londres: Cornell University Press.

VRYONIS, Speros (1961), "St. Ioannicius The Great (754-846) and The "Slavs" of Bithynia", *Byzantion* 31, pp. 245-248.

VRYONIS, Speros (1981), "The Evolution of Slavic Society and the Slavic Invasions in Greece. The First Major Slavic Attack on Thessaloniki, A. D. 597", *Hesperia: The Journal of the American School of Classical Studies at Athens*, 50/4, pp. 378–390.

Fernando Ruchesi (ed.)

Capítulo VI

Las *Res gestæ saxonicæ* de Widukind de Corvey (siglo X) y el proceso de reconstrucción del pasado sajón (siglos VI-VIII)[1]

Vinicius Cesar Dreger de Araujo
UNIMONTES – Universidade Estadual de Montes Claros,
Minas Gerais - MG

Introducción[2]

Alrededor de 960, Widukind de Corvey habría dado inicio a la composición de sus *Res gestæ saxonicæ sive annalium libri tres*[3], una narrativa histórica dedicada a la glorificación del linaje de los Liudolfingos (posteriormente conocido como Otónidas) y dedicada a la abadesa Mathilda de Quedlinburg (955-999), hija del emperador Otón I. En este momento, los otónidas estaban firmemente establecidos en el trono de *Ostfrankenreich*, el reino franco oriental (también conocido como Germania) desde la elección real de Enrique I en 919, así como la de los duques de Sajonia desde la elevación de Liudolf, en 844, por intermedio de Luis el Germánico.

Las victorias de Otón I sobre sus rivales germánicos, eslavos, magiares y lombardos establecieron su preponderancia sobre Europa central y marcaron el camino para su consagración imperial en 962, así como para su influencia sobre la Francia Occidental, ya que Hugo de Neustria, *dux Francorum* y el rey Luis IV, desposaron dos hermanas suyas (respectivamente Hadwig y Gerberga), sustituyendo así la influencia que ejerció

---

1   Nota del editor: El texto original de este trabajo fue redactado en portugués. La presente traducción al castellano fue revisada y corregida por la Lic. Noelia Belén Navarro (UNNE-UFRGS), a quien agradecemos encarecidamente por su ayuda y colaboración.

2   Este texto forma parte de un proyecto de investigación continuo sobre la construcción de la historia y la identidad sajona entre los siglos VIII y X, cuyos resultados parciales anteriores fueron publicados en 2019, en la revista electrónica *Brathair*, bajo el título "A etnogênese dos Saxônios a partir das Res gestae saxonicae, de Widukind de Corvey (século X)".

3   A partir de ahora, utilizaremos la sigla RGS para referirnos a la obra.

en la región la casa de Wessex (por vía matrimonial) entre las décadas de 920 y 940 (Araujo, 2013).

En esencia, los sajones, cuyo proceso de conquista realizado por los francos fuera completado alrededor de ciento cincuenta años antes, ahora reinaban sobre los francos orientales e Italia, además de influir en los principales linajes francos occidentales. A pesar de este presente portentoso, Widukind se enfrentó con algunas cuestiones que debían ser aclaradas: ¿cómo explicar este éxito? ¿De dónde se proyectaba la grandeza del presente en el pasado? ¿Cómo justificar la historia previa de los sajones y su relación con los francos?

Los sajones eran, en términos históricos, una paradoja: una denominación antigua junto con un pueblo reciente. Además, también lo eran geográficamente: nuevamente una denominación antigua en una región claramente delineada apenas recientemente. Antes del paso del siglo VIII al IX, no existían ni una población propiamente sajona, ni un territorio que le correspondiese de manera clara. Fue solamente con la comprensión causada por los procesos conjuntos de conquista, cristianización y reorganización realizados por los carolingios que vino a cristalizar la Sajonia y los sajones.

Tal como Patrick Geary observó correctamente sobre la relación etnogenética entre los romanos y los germanos (Geary, 1988: VI)[4], podríamos decir que la Sajonia fue, en moldes semejantes, una de las grandes creaciones carolingias. Sin embargo, Widukind precisaba responder a las cuestiones anteriores y a la paradoja sajona y lo hizo por medio de la construcción de un *origo gentis* sajón, concediéndole la *gravitas* de un pasado que no tenía. Nuestro objetivo aquí es el de analizar el proceso de resignificación de los siglos VI al VIII realizado por Widukind durante los primeros quince capítulos del libro I de las RGS, pensando en cómo representan la construcción ideal de una cohesión interna (como pueblo), así como de una cohesión externa (como parte de la esfera imperial franco-romana y de la cristiandad).

---

4   "The Germanic world was perhaps the greatest and most enduring creation of Roman political and military genius. That this offspring came in time to replace its creator should not obscure the fact that it owed its very existence to Roman initiative, to the patient efforts of centuries of Roman emperors, generals, soldiers, landlords, slave traders, and simple merchants to mold the (to Roman eyes) chaos of barbarian reality into forms of political, social, and economic activity which they could understand and, perhaps, control".

        Fernando Ruchesi (ed.)

De la Sajonia nocional a la Sajonia establecida

La obra de Widukind de Corvey ocupa un lugar interesante en comparación con textos y autores que poseían intenciones similares de elaboración identitaria, tales como las de Jordanes, Isidoro de Sevilla, Gregorio de Tours, Beda o el mismo Pablo Diácono, el grupo denominado por Walter Goffart como "los narradores de la historia bárbara" (Goffart, 1988), puesto que se trata de una obra muy tardía, de la segunda mitad del siglo X, ya que sus "pares" construyeron sus narrativas entre los siglos VI y VIII. Widukind fue el primer autor en identificarse como sajón y escribir una historia de los sajones. Como mencionamos anteriormente, esa identidad surgió después del proceso de conquista carolingio.

Sin embargo, no podemos dejar de notar que, como dijimos antes, *Saxones* era una denominación muy antigua. Datando (tentativamente) del siglo II o, seguramente, del siglo IV en fuentes romanas: en un discurso pronunciado en 356 por el emperador Juliano, él relató los eventos acaecidos en la Galia el año anterior cuando combatió a los alamanes y a los francos. Juliano era un comandante militar veterano y buen conocedor de los asuntos germánicos, por haber combatido contra diversas tribus y por haber liderado diversas incursiones punitivas en los territorios situados más allá del Rin, además de contar con una buena formación en la *Paideia* tardoantigua (Carvalho, 2010). Era, por lo tanto, un buen conocedor de las obras de etnografía romana sobre el *barbaricum* germánico.

Lo que viene a ser un problema, considerando que los romanos tendían a adoptar una visión estandarizada acerca de los pueblos bárbaros: partiendo de la relación entre territorio habitado y poblaciones (definidas por sus costumbres semejantes), los romanos denominaban tanto territorios como poblaciones. "(…) para los romanos los pueblos no surgían o desaparecían, solo cambiaban de costumbres; todos viviendo en un mismo tiempo presente, abarrotando los mapas y catálogos" (Geary, 2005).

De cualquier forma, la *Notitia Dignitatum* (de finales del siglo IV) menciona la función de *Comes Litoris Saxonici per Britanniam*, comandante de una serie de fortificaciones en los litorales este y sur de Britannia, con funciones defensivas contra las incursiones de los "sajones". El término *Saxones* era aplicado en contextos muy similares a aquellos en los cuales el término "Viking" fue posteriormente utilizado: esencialmente, saqueadores que se movían por vía marítima. Fueron mencionados de esta manera por Amiano Marcelino, Pacato, Claudio Claudiano y Sidonio Apolinar. Los indicios oriundos de la Antigüedad tardía nos permiten localizar a los sajones en el tiempo, pero no en el espacio.

En relación al período merovingio, Gregorio de Tours menciona a un grupo de *Saxones* que habría acompañado a la invasión de Italia por los longobardos en 568. También menciona a los *Saxones* de Bayeux (*Saxones Baiocassinos*), pero la palabra *Saxonia* no fue utilizada por él. Además, en este período, cuando las fuentes mencionan *Saxonia*, denotan a la Inglaterra anglo-sajona. Según Matthias Springer (2003: 18), parece que los autores del período merovingio no conocían la existencia de una Sajonia Continental, al menos antes del siglo VIII.

Bernard Bachrach, en su obra *Early Carolingian Warfare* (2001: 21-22), señala que diversas fuentes (*Annales Sancti Amandi, Annales Tiliani, Annales Petaviani, Annales Alamannici* e *Annales Nazariani*), al relatar los conflictos que culminaron con la ascensión de Carlos Martel, describían una incursión oportunista de "sajones" en 715, con contra-incursiones francas en 718 y 720, y el inicio del trabajo de cristianización entre los paganos. Sin embargo, el territorio descrito como *Saxonia* abarcaba poblaciones que hacía mucho se habían asentado en la región oriental de Hesse y al oeste del río Weser, en el área de las nacientes de Lippe que, *grosso modo*, correspondía a la región de Engern/Angaria (Hesse), y no al conjunto territorial de toda la *Saxonia*.

Por otro lado, Beda el Venerable, al narrar la historia eclesiástica de los anglo-sajones, conectó a los sajones continentales (sajones) o, como él los denominó, *Antiqui Saxones*, basado en las tradiciones de los mismos anglo-sajones. Beda afirma que los sajones insulares se consideraban como un pueblo de cierta forma unido a la identidad sajona y la tradición afirmaba que su pueblo no había migrado por completo. Luego, aquellos que permanecieron en el continente, en su región de origen, también serían "sajones".

El término "Sajonia", denotando una región continental ocupada por estos "sajones", se volvió corriente durante el período carolingio. Sin embargo, no había un cuerpo político integrado entre las diversas regiones de la citada Sajonia. Lo que existía eran tres regiones así denominadas: Angaria (o Angria), Westfalia y Ostfalia, que posteriormente se pasó a considerar también a Nordalbingia (última región con ocupación sajona, pero también con poblaciones eslavas como los Veleti), siendo que

    Fernando Ruchesi (ed.)

estas se subdividían asimismo en *Gaue* (grosso modo, distritos) tribales, alrededor de una centena en total.

Así como no existía unidad territorial o étnica, tampoco existía unidad de gobierno. Cada *Gau* era, según la *Vita Lebuini Antiqua* (Hoffmeister, 1934: 789-795), gobernado por un jefe noble, electo por sorteo (indicado como un ritual de elección por los dioses). La única instancia superior de gobierno era la Asamblea anual reunida en Marklo en el río Weser (cerca de 50 kilómetros al sur de Bremen). Cada distrito enviaba doce representantes seleccionados de cada casta para esa asamblea.[5] En Marklo, ellos confirmaban sus leyes, realizaban juicios de casos extraordinarios y determinaban si en aquel año habría guerra o paz. En caso de que decidiesen ir a la guerra, elegían una vez más, por sorteo, a un jefe como su líder militar, su *dux*, por lo que durase la campaña; no existían reyes u otras autoridades centrales además de los jefes de los *Gaue*.

En 772, como represalia a una incursión de saqueo en Hesse promovida por tribus oriundas de Angaria, Carlomagno ocupó la fortaleza de Eresburg y sus fuerzas destruyeron el pilar sagrado del Irminsul. Esa expedición dio inicio a treinta y dos años de conflicto, de los cuales nos gustaría puntuar algunas acciones, como la campaña de 776 que forzó a los angários y sus aliados westfalios a la capitulación y a la construcción de Paderborn; la revuelta de los angários y westfalios (liderados por el noble westfalio Widukind) entre 778 y 785; la decapitación de 4.500 sajones en Verden;[6] la capitulación y bautismo de Widukind en Attigny (785);[7] la nueva revuelta de Westfalia en 793 y la capitulación de Ostfalia en el mismo año.

Entre 794 y 799, la escalada de conflictos (la rebelión de las áreas "pacificadas", sumadas a las expediciones contra la Nordalbingia) trajo a la guerra una ferocidad aun mayor. Los francos gradualmente impusieron su dominio, recorriendo las devastaciones territoriales y la toma de rehe-

---

5 *Edhilingi* (o *Nobiles* y *Nobiliores* en las fuentes latinas), *Frilingi* (o *Ingenui, Ingenuiles* y *Liberi*) y *Lazzi* (o *Liberti, Liti* y *Serviles*).

6 De acuerdo con Pierre Riché (1993: 104): "La masacre sirvió como un prefacio conveniente para la "capitular del terror" de 785. La fuerza parecía ser el mejor medio para subyugar y cristianizar a los sajones, siendo estos los objetivos de la *Capitulatio de partibus Saxoniae*, por la cual prácticamente todas las faltas eran castigadas con la muerte.

7 Jean Favier (2004: 223) nos recuerda que: "El territorio sometido es principalmente el de la Sajonia Central y Meridional (Westfalia y Angária). Al este y al norte la revuelta continuaba fuerte y, de 792 a 797, los ejércitos francos se sucedían año tras año".

nes en gran escala. Para someter a los recalcitrantes Veleti y Nordalbingios, Carlomagno impuso una brutal, pero efectiva, política de remoción poblacional. Miles de familias fueron deportadas de los márgenes del Elba para las regiones francas de la Galia y otras regiones germánicas. Como contrapartida, miles de familias francas fueron re-localizadas en la región en la cual Carlomagno fundó Hamburgo en 804, cerrando el ciclo de las llamadas "Guerras sajonas".

Sin embargo, cuando unimos las campañas militares ocurridas entre 772 y 804 bajo el concepto de "Guerras sajonas", estamos acordando con la idea de que tenían como objetivo conquistar un enemigo unificado, o sea, una "Sajonia" como un todo. Pero, como hemos analizado, estas guerras fueron llevadas contra cada uno de sus *regna*, encarados como entidades independientes, las confederaciones descentralizadas de Angária, Westfalia, Osfalia y Nordalbingia y solamente después del 804 es que se puede afirmar la creación de Sajonia como unidad política, dando a la palabra el significado geográfico de Noroeste de Germania.

Sin embargo, la Sajonia en este momento era solamente una unidad política, un *regnum* entre los *regna* que formaban parte del Imperio carolingio y después del Reino Franco Oriental, no necesariamente una *gens* unida. Este *regnum* incorporaba también los territorios frisios y turingios (Widukind lo considera así). Carlomagno estableció arbitrariamente las fronteras provinciales sin considerar las fronteras étnicas. Así, la confusión histórica quedó consolidada: a partir de este momento los sajones se convirtieron en los *Antiqui saxones* de Beda, los "verdaderos sajones" y los radicados en Inglaterra pasaron a ser una rama, al menos en el uso continental.

Los sajones según los francos: aproximaciones identitarias en el siglo IX

En cuanto a la guerra sajona, ninguna guerra jamás emprendida por los francos fue llevada con tanta persistencia y amargura, o costó tanto trabajo, porque los sajones, como casi todos los germánicos, eran un pueblo feroz, entregado al culto de los demonios, hostil a nuestra Fe, y ellos no consideraban deshonroso transgredir y violar toda ley –sea humana o divina (…) El rey, sin embargo, los presionó con un propósito invariable, a pesar de las grandes dificultades y salió al campo contra ellos, envió sus condes contra ellos con una hueste

     Fernando Ruchesi (ed.)

para vengarse y obtener la satisfacción debida. La guerra que había durado tantos años finalmente terminó cuando los sajones cedieron a los términos propuestos por el rey; o sea, la renuncia de sus cultos religiosos nativos y la adoración de los demonios, la aceptación de los sacramentos cristianos y la unión con los francos en un solo pueblo. (Einhard – Sacherabon-Firchow, 1996: 16, 18, 20).

Este registro forma parte de la *Vita Karoli Magni*, elaborada por Einhard después del 814 y confirma la creencia previa en una Sajonia y en un pueblo sajón unitario (derivada de la etnología romana), pero también adelanta una nueva concepción esencial para la futura construcción de la identidad sajona por parte de los sajones: su fusión con los francos, no solo a través de la conquista militar sino, principalmente, por medio de su cristianización que los vuelve parte del *populus Christianus* (Rembold, 2018).

Tal proposición fue adoptada y ampliada por Rudolf de Fulda, monje franco que produjo un *origo gentis* sajón para contextualizar el inicio de su redacción de la *Translatio s. Alexandri* (Krusch, 1933). Rudolf inicia su historia recurriendo a un *topos* tradicional de las narrativas de origen en la historiografía altomedieval: una migración. Según el autor, los sajones serían una rama de los anglos, que migraron de Britannia a la costa de Germania (invirtiendo la afirmación de Beda). Después de su llegada, fueron involucrados en el conflicto entre los turingios del rey Irminfrid y los francos del rey Thioteric (conflicto también presente en las RGS); al ayudar a los francos a derrotar a los turingios, los sajones recibieron entonces las tierras que vendrían a ocupar hasta el presente del autor (siglo IX). Rudolf además aseguró que, aunque eran vecinos de los francos, turingios, frisios, nórdicos y abodritas, los sajones se mantuvieron como "un pueblo puro, similar solo a ellos mismos" (Flierman, 2017: 16), reforzando su unidad en un territorio definido y proyectándolo al siglo VI, que se convertiría así en el momento de origen de los sajones.

El único defecto de estos virtuosos "sajones" era el del paganismo, que fue resuelto, de acuerdo con otro hagiógrafo posterior –el anónimo autor de la *Translatio s. Liborii* (Cohausz, 1966), escrita entre 887 y 909 para el obispo Biso de Paderborn–, como la predicación de Carlomagno a los sajones por medio de una "lengua de hierro" (*férrea lingua*), o sea, por medio de la espada, resultando que, después de treinta años de conflictos, los sajones fueran así integrados a los francos y al *populus Christianus*.

Alrededor de 890, el poeta anónimo Saxo compuso una vida versificada de Carlomagno (deudora esencialmente de Einhard), en la que describió que los sajones se convirtieron en una *gens et populus*, como los francos, ambos igualmente sometidos al monarca, implicando así una igualdad entre las dos poblaciones.

Durante el siglo IX la aristocracia sajona, rápidamente absorbida en la aristocracia imperial franca, por medio de matrimonios mixtos (a diferencia de la narrativa de Rudolf de Fulda) y de la concesión de tierras, privilegios y honores por los carolingios, llegó a compartir esta visión que minimizaba los conflictos anteriores con los francos y maximizaba su aproximación a ellos.

Después de analizar a estos autores, tanto francos como sajones profundamente influenciados por los francos, debemos resaltar como hizo Robert Flierman (2017: 162):

> Los sajones posteriores a la conquista, sin embargo, no solo escribieron sobre el pasado para lidiar con ansiedades potenciales. La memoria acerca de la guerra (contra los francos) dependía fuertemente de circunstancias y ambiciones. Para el Anónimo de Paderborn, la conquista de Sajonia estaba íntimamente ligada a la fundación de su obispado. La comunidad de Wendhausen recordaba las Guerras Sajonas como un episodio crucial en la historia de su familia fundadora, cuando el patriarca Hessi fue recompensado por su lealtad. El noble sajón Waltbert recordó las hazañas de su abuelo Widukind, cuya nobleza lo convirtió en el líder detrás de la resistencia sajona, pero cuya rendición voluntaria finalmente marcó el final de las hostilidades. El poeta Saxo usó las Guerras Sajonas para garantizar a un nuevo rey carolingio la lealtad de los sajones, y posiblemente también para pedir patrocinio para su obispado o monasterio. Las Guerras Sajonas, en otras palabras, raramente fueron recordadas apenas como una experiencia colectiva sajona. Tampoco fueron recordadas como algo para ser recordado. Los sajones del siglo IX usaron el pasado para promover sus propias agendas.

Widukind de Corvey y las *Res gestae saxonicae* (RGS)

El Reparto de Verdún, en el 843, sacramentó la división del imperio carolingio y la creación de un Reino Franco Oriental sobre la autoridad de Luis el Germánico. A sus tres hijos –Carlomán, Luis el Joven, Carlos el Gordo– les fueron concedidos poderes sobre Bavaria, Sajonia y Alamania, respectivamente. Estos se casaron con hijas de las noblezas locales, iniciando un proceso de ascenso de los principales linajes regionales, que se amplió con el declive de la casa carolingia oriental bajo Carlos el Gordo, Arnulfo de Carintia y Luis el Infante (884-911), culminando con el ascenso de Conrado de Franconia, el primer no-carolingio en reinar sobre la Germania unida por Carlomagno.

Mientras tanto, en Ostfalia, bajo el liderazgo de los duques Liudolf, Otto el Ilustre y del propio rey Enrique I, los Liudolfingos iniciaron su ascenso que culminó en Fritzlar (919) justamente en la sucesión de Conrado I, componiendo una historia típica de alianzas matrimoniales sagaces, sucesos militares y usos oportunistas de los recursos eclesiásticos. Fue también en Ostfalia que el linaje poseyó la mayor densidad de propiedades fundiarias, además de sus fundaciones religiosas más importantes (Quedlinburg y Gandersheim).

Después de la elección de Enrique I, el monarca no se olvidó de sus raíces, promoviendo el ascenso de diversos linajes aristocráticos osfalios en la política de la corte y del reino, entre los cuales se destacaron la casa condal de Stade, los Billunger (elevados a duques de Sajonia por Otto I y mantenidos en esta posición hasta fines del siglo XI), los primeros representantes de la casa de los Wettin (en Turingia) y la casa condal de Walbeck, a la cual pertenecía el obispo y cronista Thietmar de Merseburgo (Warner, 2001: 09).

Después de las victorias de Enrique I sobre los eslavos (en 928 y 934) y magiares (933), el camino para su sucesión por su hijo Otón estaba abierto, consolidando la ascensión del linaje, considerado aun más glorioso debido a las hazañas de Otón I: sus victorias militares sobre opositores germánicos, como los lombardos, sobre los eslavos y sobre los magiares que lo llevaron a la reconstitución de la honra imperial en Occidente, en 962. Es en este contexto que Widukind de Corvey compuso su obra, originalmente finalizada entre 967-968. Los últimos capítulos (III, 70-76), terminando con la muerte de Otón I en 973, obviamente fueron añadidos *a posteriori*, por Widukind o un sucesor (esto aún es incierto).

Las RGS fueron conservadas en cinco manuscritos pero fueron utilizadas por muchos otros autores, por lo que debieron existir otros manuscritos diversos en la Edad Media (Bagge, 2022: 25). Según Helmut Beumann (1950: 178-204), la obra de Widukind era originalmente una celebración del pueblo sajón que fue añadida posteriormente como un elogio a Otón I. Beumann identificó los cambios realizados en relación al logro de este segundo propósito, pero también señala que eso no causó ningún cambio fundamental en el argumento ya que, según él, había una conexión muy próxima entre los reyes sajones y su pueblo (Bagge, 2002: 26). Sin embargo, al examinar la obra con más detenimiento, se puede percibir que lo contrario tiene más sentido: la obra fue compuesta como las *res gestae* de un monarca contemporáneo, Otón I (libros II y III), a las que se adjuntó una narrativa introductoria contextualizadora sobre el proceso histórico que condujo al pueblo sajón desde sus "orígenes" hasta el ascenso de Otón, es decir, el libro I.

Básicamente, el libro I trata del ascenso de los sajones en el momento en que pusieron los pies en suelo germánico hasta aquel en que pasaron a reinar sobre la totalidad del Reino Franco Oriental y defenderlo contra los "bárbaros". Ofrece una selección de los principales episodios de este proceso: la migración (en versiones diferentes), la conquista de la tierra, la victoria sobre los turingios y la alianza con los francos, la cristianización y la *translatio imperio* de los francos a los sajones, que tuvo lugar con el ascenso de Enrique I al trono.

La parte inicial de la obra ve a los sajones como una entidad colectiva, sin mención alguna de liderazgo político institucionalizado, aunque algunos individuos desempeñasen papeles cruciales: primero, el anónimo sajón que engaña a los turingios al comprar sus tierras con oro y Hathagat que, por medio de una estratagema, lideró a los sajones a la victoria sobre los turingios en el siglo VI.

El *origo gentis saxonicae* según Widukind

Analizaremos la primera mitad del libro I de las RGS a fin de establecer el pensamiento de Widukind sobre la historia de los sajones hasta inicios del siglo IX. Como puede esperarse, Widukind inicia su relato de *origo gentis teniendo* en consideración las teorías sobre el origen de su pueblo, aunque no se compromete particularmente con ninguna de ellas. Sin embargo, en ningún momento cuestiona la distinción de origen sajón.

Iniciaré con el origen de nuestra gente, de la cual poco sabemos debido al hecho de que la antigüedad torna oscura la certeza. De

     Fernando Ruchesi (ed.)

hecho, existen muchas opiniones sobre este tema: algunas creen que los sajones descienden de los nórdicos daneses, mientras que otros, como escuché de un joven que había aprendido griego, señalan que los sajones descienden de remanentes del ejército macedónico, que después de la muerte precipitada de Alejandro Magno, se dispersó por el mundo. Además, queda claro que nuestra gente es antigua y noble; está mencionada en la arenga de Agripa a los judíos en Josefo y es probado en el poema de Lucano. (RGS I. 2).[8]

Sin embargo, como se indicó anteriormente, las menciones halladas en los textos anteriores al siglo IV d.C. no son confiables, siendo atribuidas a errores en la transcripción de los documentos por copistas posteriores. Pero, de acuerdo con el pensamiento de Walter Pohl, las incongruencias presentes en este tipo de fuentes indican que estas ideas fragmentadas (amalgamas de orígenes diversos como narrativas bíblicas, etnografías romanas, tradiciones orales) y como fueran a ser reunidas, remiten a procesos complicados de asimilación y construcción identitaria.

Después de describir las muchas guerras libradas contra los turingios por el control de la tierra, incluyendo la masacre a cuchillo de sus jefes durante una conferencia de paz (RGS I. 4-6), Widukind saca a la luz, en el capítulo siete, la etimología del término *Saxones*: "Algunos dicen que fue durante este hecho que al pueblo se le dio el nombre de *saxones*, debido al hecho de que los cuchillos que usaron para derrotar a los turingios eran llamados SAS en su lengua", lo que concuerda con fuentes anteriores, como Gregorio de Tours.

En esta historia de los sajones, Widukind aborda también la relación con los anglo-sajones. Sin embargo, él lo hace de manera bien diferente a la realizada por Beda: aunque se mantiene el mismo hecho desencadenante (la invitación de los britanos a los sajones), este fue realizado en la Sajonia continental y la conquista de Britannia ocurrió como su anexión a la Sajonia, restaurando allí la paz y el orden que anteriormente habían sido establecidas por los romanos. Podríamos interpretar esta idea como una especie de prefiguración del papel imperial otónida, una *translatio imperio Avant la lettre*.

Él prosigue su relato con nuevas guerras contra los turingios y el inicio de la relación con los francos, que pasa de enemistad, ya que los

---

8   Utilizamos el texto de Widukind de las siguientes ediciones: Bachrach y Bachrach, 2014 y Hirsch, 1935.

francos se habían aliado a los turingios, a una alianza, justamente contra los turingios (RGS I. 9-13).

Finalmente, en el capítulo 12, Widukind retoma el *origo gentis* y se decide por una de las teorías del origen para los sajones, produciendo lo que considera como prueba para su elección:

Al inicio del día siguiente, los sajones plantaron su águila cerca del portón opuesto al Este, erigieron un altar a la victoria y allí sacrificaron en nombre de la falsa religión de sus ancestros. Ellos adoraban a Marte bajo la forma de Hércules en efigies de columnas y al Sol, que los griegos llamaban Apolo. Así, parece que la estimación de aquellos que creían en un origen griego de los sajones, se vuelve posible.

Es interesante recordar que, con esta elección clasicista, Widukind alinea los sajones con la gran historia sagrada de la sucesión de los imperios, a partir de la profecía de Daniel (capítulo 2) y de la interpretación agustiniana. Poseyendo orígenes "macedónicos", los sajones ya formaban parte de una historia más antigua que los legitimaba, así como Virgilio había hecho con los romanos, para emparentarlos con los troyanos (algo que fue muy copiado durante el medioevo).

En RGS I. 14, Widukind relata cómo eran gobernados los sajones, divididos entre ostfalios, angarios y westfalios (ignorando a los nordalbingios), cada región a su vez dividida en tres y cada parte obedeciendo a un príncipe. En tiempos de guerra, elegían a un líder supremo para gobernarlos durante una emergencia, como ejemplificando el liderazgo de Hathagat durante las guerras contra la alianza franco-turingia.

Ya en el capítulo 15, Widukind se dedica a relatar un asunto espinoso: Carlomagno.

Pero este príncipe, que no tenía menos cautela que coraje, deploraba la ceguera de esta famosa nación que todavía se dedicaba a la adoración de falsos dioses, empleó todos los medios para atraerlos al conocimiento de la Verdad.

A veces usó para este fin la fuerza de su elocuencia y, otras, el recurso a las armas, pero no logró concluir su intento sino hasta el trigésimo año de su reinado, al mismo tiempo en que obtuvo el Imperio. Esta conversión transformó en hermanos a los francos y a los sajones, ya que antes apenas habían sido amigos y aliados.

    Fernando Ruchesi (ed.)

El pasaje de la Historia de los sajones para la Historia de los liudolfingos ocurre en el capítulo 16:

El último de la raza de Carlomagno en gobernar sobre la Francia
Oriental fue Luis, hijo de Arnulfo, que era el hijo del hermano de
Carlos. Luis no vivió por muchos años después de casarse con Liutgar-
da, hermana de Bruno y del gran duque Otón. Su padre era Liudolf,
que trajo de Roma las reliquias bendecidas por el Papa Inocencio.

Poquísimos hechos en las RGS I anteriores al siglo IX poseían referencias más sólidas. Widukind creó una epopeya en la cual inventó la historia
de fondo de los sajones (principalmente a partir de autores francos del
siglo IX) y añadió elementos que presagiaban el ascenso imperial de
los liudolfingos. Por cierto, es interesante que omitiese la consagración
imperial por el papa en 962, en el libro III. Sin embargo, al describir
las victorias de Enrique I y de Otón I sobre los magiares en Riade y en
Lechfeld (933 y 955), afirmó que las tropas aclamaron a sus monarcas
vencedores como emperadores, bebiendo de la idea romana original.

Además del *origo gentis*, estableció otros tres temas interrelacionados:
la relación estrictamente antagónica con los turingios, en la cual se destacaron las habilidades marciales y la sagacidad de los sajones; la relación
ambigua con los francos, en la cual ocurrieron conflictos y alianzas,
donde Widukind redujo la conquista carolingia a una misión salvadora
por Carlomagno, únicamente dando una idea de las dificultades de esta
operación al mencionar que sólo fue concluida en el "trigésimo año de
su reinado", en el momento de su coronación imperial. Al tratar del
paganismo sajón, Widukind, como hemos mencionado, lo equipara al
paganismo clásico greco-romano, una actitud común entre los autores
medievales. Sin embargo, en este caso, utilizó esta interpretación como
comprobación para la tesis del origen macedónico de los sajones.

La vinculación con un pueblo célebre de la Antigüedad era un ar-
tificio legitimador utilizado desde la *Eneida* de Virgilio, en el período
de Augusto, y también en el período altomedieval, por la conexión
Francos-Troya y Anglosajones-Hebreos (a través del cuarto hijo de Noé,
mencionado en el apócrifo *La caverna de los tesoros*). Esta vinculación
lleva a la justificación de la situación actual dominante de la que gozan
los sajones en la Germania imperial del siglo X, justamente, un tercer
tema: la ascensión de los liudolfingos-otónidas. Es la prefiguración en
el pasado del éxito presente.

Siguiendo la idea de Intencionalidad, de Goffart (1988: 16-17), no podemos analizar la obra de Widukind como un esfuerzo inocente (y, siguiendo su consejo, no deberíamos esperar que lo sea): "Sus representaciones fueron conscientes, deliberadas y dignas de atención continua precisamente por estas razones". El escribió, en la primera mitad del libro I de las RGS, una epopeya del pueblo sajón (las *Res gestae saxonicae* propiamente dichas), moldeando una memoria específica del pasado de su gente y legitimando el orden político que le era contemporáneo al anexar a las *Res gestae* de Enrique I y Otón I, una continuidad vista como apogeo de esta historia, manipulándola y modificándola cuando consideraba necesario.

La actitud de Widukind en relación a estos eventos es profundamente "patriótica", tanto en su vívida narrativa del comportamiento heroico de los sajones como cuando minimiza lo histórico de fricciones entre su pueblo y los francos y, más aun, cuando trata el papel de Carlomagno en la conversión del pueblo sajón a la cristiandad, apenas mencionando el uso de la fuerza y silenciando las guerras para la conquista de Sajonia.

De acuerdo con Yithzak Hen y Matthew Innes:

> El pasado poseía una presencia muy real en las primeras sociedades medievales. Podía proporcionar un estándar legitimador para el orden actual de las cosas, explicando cómo las cosas llegaron a ese estado, o una imagen de un orden ideal, una Era Dorada contra la cual el presente pasaba a ser juzgado. Al interior de un grupo social, las creencias compartidas sobre el pasado eran una fuente de identidad: la imagen de un pasado común informa un sentido de pertenencia y las características que definen a este pasado identifican a aquellos que fueron y que no fueron parte del "nosotros" en el presente (Hen e Innes, 2004: 1).

> Así, el pasado no era solo concebido en términos lineales, cronológicos. Estas afinidades elegidas adquirían su fuerza de un modo tipológico de pensamiento, en el cual el presente estaba prefigurado y explicado en el pasado (Hen e Innes, 2004: 6).

Reflexiones finales

Walter Pohl distinguió tres formas de actos de identificación para un determinado grupo: "(1) el acto individual de expresar lealtad a un

                                   Fernando Ruchesi (ed.)

grupo; (2) la autorrepresentación colectiva de un grupo por medio de sus representantes o como colectivo; y (3) la clasificación de grupos sociales por extranjeros" (Pohl, 2013: 3). Como bien recuerda Robert Flierman (2017: 6), hasta mediados del siglo IX, no tenemos acceso a ninguna forma textual de autorrepresentación sajona, pudiendo sólo estudiar su identidad por medio de las visiones romanas y francas con respecto a los sajones.

En 1996, Matthias Becher publicó *Rex, Dux und Gens*, una obra fundamental para los estudios sobre la constitución de la Sajonia y de los sajones; su título se refiere a los tres fenómenos que formaron el núcleo de su análisis: la organización administrativa de Sajonia bajo los monarcas carolingios y otónidas (*rex*), el establecimiento de la dignidad ducal en Sajonia bajo los carolingios y fortalecida por los otónidas (*dux*) y el desarrollo de la identidad sajona como pueblo (*gens*), en el transcurso de los siglos IX y X. El argumento central de Becher radica en el entramado de estos tres temas que precisan ser estudiados juntos. Las transformaciones de la identidad sajona sólo pueden ser comprendidas en el contexto de la integración de Sajonia después de las guerras de conquista. Los efectos de esta integración fueron tan profundos, según Becher, que dieron inicio "a un nuevo episodio en la etnogénesis sajona", como resultado de que, por primera vez, los sajones pudieron definirse como una población unificada (Becher, 1996: 108).

Como fue señalado con anterioridad, la etnogénesis de la Sajonia medieval fue un proceso tardío en comparación con los procesos de otras poblaciones germánicas, como los francos o los anglosajones, siendo estos últimos alfabetizados por un sajón recién en el siglo X, bajo Widukind de Corvey. De hecho, estos procesos fueron fruto de elaboraciones conscientes de las aristocracias de estas comunidades, buscando la cohesión de sus sociedades, como queda claro en este fragmento de Patrick Geary (2005: 96-97):

> Los líderes eran promovidos por sus ejércitos heterogéneos y formaban los centros alrededor de los cuales nuevas identidades políticas y religiosas podían ser desarrolladas y en los cuales, en algunos casos, antiguas nociones de identidad sacro-social podían ser insertadas. La legitimidad de los líderes provenía principalmente de su capacidad de conducir su ejército a la victoria. Una campaña victoriosa confirmaba su derecho al liderazgo y aumentaba el número de personas que aceptaba y compartían su identidad.

Con el paso del tiempo, el líder y sus descendientes establecían una identificación con una tradición más antigua, alegando la autorización divina, basada en guerras exitosas, para que pudiesen personificar y perpetuar algún "pueblo" antiguo. Por lo tanto, la integridad constitucional de estos pueblos dependía de la guerra y de la conquista para que tuviese continuidad y para que su identidad fuera establecida: eran ejércitos (…). La derrota (…) podía significar el fin de un gobernante o hasta del mismo pueblo, que entonces podría ser incorporado a otra confederación, más victoriosa.

Este fragmento ilumina el proceso formativo de las identidades tribales instaladas en Europa Central, en las fronteras del Imperio romano de Occidente, siendo perfectamente aplicable a los francos, por ejemplo. Sin embargo, la identidad etnogenética de los sajones, como hemos comentado, no deriva directamente de un proceso como este, cuyo éxito dependía también del dominio sobre la cultura formal, esencialmente letrada. La Sajonia, como unidad territorial, fue construida por la presión de las conquistas carolingias que llegaron a integrar este vasto territorio, así como a transformar sus diversas confederaciones tribales, políticamente integradas de modo tenue por las asambleas anuales de Marklo, en un único pueblo. Esta vez, la presencia de una Sajonia mencionada en la documentación desde el siglo IV, se volvía realidad.

Estas presiones de cuño militar, político, religioso, cultural y económico, llegaron a forjar una nueva unidad étnico-territorial en Europa, un *regnum*, de acuerdo con la propia terminología carolingia, que se convirtió en el pilar del *Osfrankreich* y núcleo del imperio otónida en el siglo X. Y es la gloriosa historia de este "pueblo" que Widukind de Corvey se dedicó a establecer, particularmente recreando el período situado entre los siglos VI y VIII, a través de la aproximación con los francos y de la inserción de los sajones en la historia más amplia, heredada de los modelos clásicos.

Bibliografía

Araujo, V. C. D. (2013), "Æthelings & Liudolfings: Uma análise das relações entre a Inglaterra anglo-saxônica e a Germânia otônida", *Brathair*, 12/2, pp. 17-30.

Bachrach, B. S. y Bachrach, D. S. (trads.) (2014), *Deeds of the Saxons*. Washington D.C.: Catholic University of America.

     Fernando Ruchesi (ed.)

Bachrach, B. S. (2001), *Early Carolingian Warfare: Prelude to Empire*. Philadelphia: University of Pennsylvania Press.

Bagge, S. (2002), *Kings, Politics and the Right Order of the World in German Historiography c 950-1150*. Leiden: Brill.

Becher, M. (1996), *Rex, Dux und Gens: Untersuchungen zur Entstehung des sächsischen Herzogtums im 9. und 10. Jahrhundert*. Husum: Matthisen.

Beumann, H. (1950), *Widukind von Korvei: Untersuchungen zur Geschichtsschreibung und Ideengeschichte des 10. Jahrhunderts*. Viena: Böhlau.

Carvalho, M. M. de. (2010), "Um caso político-cultural na antiguidade tardia: o Imperador Juliano e seu conceito de educação", *Acta Scientiarum*, 32/1, pp. 27-39. https://doi.org/10.4025/actascieduc.v32i1.9488

Cohausz, A. (1966), *Erconrads Translatio S. Liborii. Eine wiederentdeckte Geschichtsquelle der Karolingerzeit und die schon bekannten Übertragungsberichte. Studien und Quellen zur Westfälischen Geschichte*, 6. Paderborn: Verein für Geschichte und Altertumskunde Westfalens Abteilung Paderborn.

Curta, F. (ed) (2005), *Borders, Barriers and Ethnogenesis – Frontiers in Late Antiquity and the Middle Ages*. Turnhout: Brepols.

Hirsch, P. y Lohmann, H. E. (eds.) (1935), *Die Sachsengeschichte des Widukind von Korvei*, MGH SRG in Usum Scholarum Separatim Editi, 60. Hannover: Hahn.

Favier, J. (2005), *Carlos Magno*. São Paulo: Estação Liberdade.

Flierman, R. (2017), *Saxon Identities AD 150-900*. Londres: Bloomsbury.

Geary, P. (2005). *O Mito das Nações*. São Paulo: Conrad.

Geary, P. (1988), *Before France and Germany: The Creation and Transformation of the Merovingian World*. Oxford: Oxford University Press.

Goffart, W. (1988), *Narrators of Barbarian History (AD 550-800): Jordanes, Gregory of Tours, Bede and Paul the Deacon*. Princeton: Princeton University Press.

Goldberg, E. (1995), "Popular Revolt, Dynastic Politics, and Aristocratic Factionalism in the Early Middle Ages: The Saxon Stellinga Reconsidered", *Speculum*, 70/3, pp. 467-501.

Goldberg, E. (2006), *Struggle for Empire – Kingship and Conflict under Louis the German 817-876*. Ithaca: Cornell University Press.

Heather, P. J. (1998), "Disappearing and Reappearing Tribes", en Pohl, W. y Reimitz, H. (eds.), *Strategies of Distinction: The Construction of Ethnic Communities 300-800*, Leiden: Brill.

Hen, Y. e Innes, M. (eds.) (2004), *Using the Past in the Early Middle Ages*. Cambridge: Cambridge University Press.

Hoffmeister, A. (ed.) (1934), *Vita Lebuini antiqua*, MGH SS 30.2. Leipzig: Karl Hiersemann.

Leyser, K. (1979), *Rule and Conflict in an Early Medieval Society – Ottonian Saxony*. Londres: Edward Arnold.

Pohl, W. (2013), "Introduction – Strategies of Identification: A Methodological Profile", en Pohl, W. y Heydemann, G. (eds.), *Strategies of Identification. Ethnicity and Religion in Early Medieval Europe*, Turnhout: Brepols.

Rembold, I. (2018), *Conquest and Christianization: Saxony and the Carolingian World, 772-888*. Cambridge: Cambridge University Press.

Reuter, T. (1991), *Germany in the Early Middle Ages c. 800-1056*. Londres: Longman.

Riché, P. (1993), *The Carolingians – A family who forged Europe*. Philadelphia: University of Pennsylvania Press.

Sacherabon-Firchow, E. (ed.) (1996), *Einhard. Vita Karoli Magni, Das Leben Karls des Großen, Lateinisch/Deutsch*. Stuttgart: Reclam.

Springer, M. (2003), "Location in Space and Time", en Green, D. H. y Siegmund, F. (eds.), *The Continental Saxons from the Migration Period to the Tenth Century: An Ethnographic Perspective*, Woodbridge: Boydell.

Springer, M. (2004), *Die Sachsen*. Stuttgart: Kohlhammer.

Krusch, B. (ed.) (1933), *Die Übertragung des H. Alexander von Rom nach Wildeshausen durch den Enkel Widukinds. Das älteste niedersächsische Geschichtsdenkma. Nachrichten von der Akademie der Wissenschaften in Göttingen. Philol.-hist. Klasse 4, c. 4*. Berlin: Weidmann.

Warner, D.A. (trad.) (2001), *Ottonian Saxony: The Chronicon of Thietmar of Merseburg*. Manchester: Manchester University Press.

Capítulo VII

Máscaras, cadáveres y otras cosas preciosas: dos reflexiones sobre el paganismo medieval

Francesco Borri
Università Ca' Foscari Venezia

El paganismo medieval es un tema escurridizo, difícil. Para nosotros, define un mundo amplio y caleidoscópico de espiritualidades no-monoteístas en los bordes del mundo escrito, desde el politeísmo y el henoteísmo al animismo, y a través del chamanismo y el panteísmo. De acuerdo con diferentes autores, el paganismo es un portal a un mundo oculto de espiritualidades que iluminan, o un descenso a la oscuridad. Es un tema extremadamente frustrante.

Lo que conocemos sobre el paganismo medieval se origina en autores cristianos que compartían una actitud peculiar hacia estas creencias no-cristianas. El paganismo fue despreciado, temido, y condenado con los tonos más extremos. La definición misma de *paganus* refleja el fenómeno de la otredad que domina la narrativa completa sobre paganismo a través de los siglos de la Edad Media. *Paganus*, puede significar un habitante del campo, caracterizado por la simplicidad y la ignorancia, un extranjero civil hasta los esfuerzos por caracterizar la vida cristiana o, incluso, alguien foráneo y sencillo (Cameron, 2011: 14-32). A pesar de su significado real, el cual es debatido, a menudo, por los historiadores, los *pagani* siempre fueron el otro: antes de los modernos Wiccan o Asatru, nadie se definía a sí mismo como pagano. Sin embargo, esto es coherente: el paganismo como religión, en nuestra acepción, es una creación cristiana (North, 1992: 174-193).

Las narrativas sobre el paganismo medieval son completamente escasas. Robert Bartlett nombró este enfoque como una "conspiración de silencio", una indiferencia deliberada de creencias paganas, rituales y mitos que eventualmente condenaban la vieja creencia de Europa a un eclipse casi total (Bartlett, 2007: 49). Esto puede observarse a través de numerosas narrativas. Robert Fletcher, por otra parte, sostuvo cómo cada rastro de paganismo fue "eliminado con esmero" por los autores cristianos (Fletcher, 1998: 4).

El silencio no es el único problema que encaramos al tratar de discutir el paganismo medieval. La noción de *paganitas* ("costumbres paganas") es, en el latín de la época, mucho más amplia que nuestra idea moderna de paganismo (Filotas, 2005: 99). Abarcaba la superstición, el cristianismo desviado, y la magia. Las fronteras entre estas creencias y prácticas profundamente enmarañadas son más un asunto del académico moderno que del autor medieval. Además, el paganismo se convirtió en una acusación política formidable: fue el caso de regiones marginales y desafiantes al Imperio carolingio, como Baviera, Vasconia o, incluso, de algunos papas, como Juan XII (Chiesa, 1999: 85-102).

Finalmente, para la frustración del académico, los cuentos de paganismo, como es el caso de las historias mucho más tardías sobre hechicería y juicios de brujas, fueron repetitivas e igual a ellas mismas. Informes influenciables tales como el de Agustín (354-430) fueron constantemente narrados a través de los siglos, en contextos muy distantes del Mediterráneo, alcanzando a la Edad Media Plena, siendo contados de nuevo por hombres como Burcardo, quien fuese obispo de Worms (*c*.950/65-1025) e incluso mucho después. Como la de Agustín, muchas fueron historias que se movían a través de Europa a lo largo de los siglos, desde Inglaterra hasta Italia, pasando por Provenza y Westfalia. Al leer los capitulares carolingios que tratan con la anormalidad religiosa desde el reinado de Luis el Piadoso, percibimos la idea de los sermones de Cesario de Arlés, destinados a su audiencia cristiana de la Galia del siglo VI. Las mismas procesiones, cánticos y danzas, intercambio de besos y obsequios, como también maldiciones, fueron descritos en el África tardo-antigua y también en la Alemania del siglo XI, con las mismas palabras. Finalmente, historias desplegadas entre temas que son incluso más antiguos: muchas fueron bíblicas en temáticas, siendo poco más que extensas citas del Deuteronomio, los Evangelios y los Hechos de los Apóstoles. En otras ocasiones, los cuentos de paganismo hicieron eco de aquellos de la Roma pagana: uno de los rituales lombardos más famosos consistía en el desgarre de la corteza de un árbol sagrado, antes de partir en una cabalgata salvaje. Esto claramente hacía eco de las narraciones romanas

                                           Fernando Ruchesi (ed.)

de la *Lupercalia*.[1] Encontramos moradores de la Germania del siglo VIII, mucho más allá del *limes* romano, haciendo sacrificios a Mercurio y Júpiter (Filotas, 2005: 70-73). ¿Es solo un tema literario? ¿Realmente estaban haciendo sacrificios los locales? ¿Y si es afirmativo, a quién?

Algunos leen estas narraciones como citas vacías de historias anteriores sin relación a las creencias y prácticas factuales. Repeticiones literarias de autores previos sin relaciones a la situación contemporánea, pero que, sin embargo, tienen sentido para una audiencia informada sobre las narraciones mismas: un discurso resiliente sobre alteridad que disimula un caleidoscopio de costumbres y tradiciones.[2] Una minoría mucho más pequeña vio las redundancias como los reflejos de rituales y credos diseminados y primitivos (Schmitt, 1976: 941-953).

También hay algunos fragmentos narrativos que parecen reflejar observaciones etnográficas más que un discurso académico. Generalmente encontramos sustantivos, en su mayoría palabras vernáculas en un contexto latino. Algunas veces son dioses, tales como Woden, santuarios y lugares sagrados como Irminsul o Fositeland, y en otras ocasiones aparentemente encontramos rituales, tales como *Nodfyr* (Filotas, 2005: 149). Los académicos trataron de entender estos sustantivos a partir de su etimología, la cual fue rastreada en los idiomas germánicos. Sin embargo, como James Palmer señaló: "El detalle distintivo, sin embargo, siempre es apoyado en la narrativa por un tapiz de modelos hagiográficos y alusiones literarias" (Palmer, 2007: 410).

Los cuentos sobre el paganismo son leídos, en la actualidad, más como una proyección de los prejuicios del autor y de su audiencia y de expectativas que de descripciones fieles de creencias y prácticas no cristianas. Como resultado, el paganismo fue confinado, algunas veces, a textos, siendo muy grande el riesgo de una interpretación excesiva y de simplificaciones. Al hacer eso, el académico moderno continua perpetuando, de alguna manera, la actitud cristiana antigua y medieval hacia los paganos, deconstruyendo la vida y el mundo hasta la eliminación. Ahora voy a discutir las máscaras y cadáveres como un camino posible para devolver el paganismo a la sociedad, la mente y los corazones paganos.

---

1   *Vita Barbati*. Sigo la edición de Waitz, 1878. Véase, asimismo: Holleman, 1974.
2   Véase, por ejemplo: Harmening, 1979.

Máscaras

Los romanos llamaban a las máscaras con diferentes nombres, *personae* entre ellos, de los cuales se deriva la palabra moderna "personalidad": la máscara que llevamos a diario. Ellas fueron utilizadas en diferentes ocasiones, desde el drama hasta salir de juerga, pero también como circunstancias de significado religioso y ritual.

Ahora voy a pasar algunas consideraciones sobre las mascaradas de pleno invierno representadas en muchas ciudades del Mediterráneo y de Europa. Estas se encuentran entre las narraciones sobre el paganismo más consistentes y frecuentemente atestiguadas, cuyos registros vieron un incremento a partir del siglo IV. Las mascaradas siempre han suscitado sospechas. Los autores paganos ya habían mirado a las *Lupercales* con escepticismo y su condena se volvió más fuerte con la cristiandad. Diferentes escritores narraron, de manera memorable, la *pompa Daemonum*, una definición que hacía eco de la *pompa circensis*, marchando a través de las calles de las grandes ciudades imperiales durante los primeros siglos del imperio cristiano. Los jóvenes enmascarados desfilaban durante la larga noche a mitad del invierno (Waszink, 1947: 13-41). Cantaban, hacían bromas prácticas y brutales, y quizás ingresaban en casas, limpiándolas ritualmente y comiendo la comida que estaba allí. Su demostración iba acompañada por agitación social, borracheras, violencia y sexo (Graz, 2015). La mascarada tenía lugar durante la *Rauhnächte*, las noches más largas del año. El dejar la puerta abierta en Halloween, o el *Perchten* vagabundeando en la noche de Navidad en los Alpes germano-parlantes, habrían sido restos de esta antigua tradición (Schmidt, 1972).

Dos fueron, aparentemente, las máscaras usadas: la primera una subversión de género con hombres vestidos como mujeres ancianas –*vetula*– entre las favoritas; la otra era vestirse como animales, con venados, cabras, ovejas, lobos y osos entre los favoritos. En España, Pacianus dedicó un tratado entero al *Cervulus*, esto es, el hombre enmascarado como un (pequeño) ciervo. Las mascaradas todavía son atestiguadas en las cartas de Bonifacio o en las leyes bávaras durante el siglo VIII, contextos increíblemente distantes de los tiempos romanos y bien entrados en la Edad Media cristiana (Arbesmann, 1979: 89-119).

Las máscaras medievales fueron hechas en madera, telas, cuero y pieles. Los folkloristas creen que las máscaras eran objetos antiguos hechos para conservarse, cuyas características han permanecido sin cambios por siglos, de manera que las máscaras de madera hechas pocas décadas atrás en las regiones alpinas, en la meseta de España o en los Balcanes nos habrían podido ilustrar sobre la forma, dimensiones y aspecto de las máscaras medievales (Meller, 2010: 9-21). Estas ideas parten de una interpretación dada (y de alguna manera romántica) de las culturas populares, vistas como ancladas al pasado y como guardianas de rasgos culturales de otra manera olvidados.

Tenemos algunas descripciones de máscaras en los manuscritos medievales, en las que los hombres llevan máscaras en forma de animales. En su mayoría, estas descripciones provienen más bien de las iluminaciones de los siglos XII y XIII (Grigg, 2016: 251). También tenemos algunos hallazgos preciosos de Hedeby, en el norte de Alemania, el antiguo *emporium* de Haithabu, donde dos máscaras de apariencia asombrosamente realista fueron descubiertas próximas al puerto. Algunas de ellas fueron plausiblemente interpretadas como pensadas para representar lobos (o quizás perros) (Hägg, 1984: 69-72). Lobos y hombres comparten una larga historia, la cual sin embargo nos llevaría muy lejos.

A pesar de las narrativas recurrentes, en un análisis detallado, parecería que las mascaradas habrían ganado un nuevo significado en el mundo cristiano, en un tipo de relación dialéctica entre el pasado pagano y el presente cristiano. En el mundo cristiano, las máscaras fueron condenadas principalmente por cambiar las características de los hombres, que fueron hechos a semejanza de Dios: cubriendo las características humanas de forma inapropiada, las máscaras invertían la creación. La función de las máscaras no era solamente cubrir las características humanas, sino representar algo más que se encuentra, a menudo, más allá de lo humano. Jean-Claude Schmitt comentó de modo sugestivo cómo ellas no solo describen el objeto, sino que también evocan las "puissances surnaturelles" –poderes sobrenaturales– insertados en ellas al mismo tiempo (Schmitt, 1986: 87-119).

El primer testimonio de una palabra en parecerse al inglés moderno *mask* también es medieval. Viene del *Edicto* del Rey Rotario, una colección normativa en latín compuesta en el siglo VII, en Italia.[3] En el capítulo 197, el legislador prohibía a los hombres tener el derecho legal sobre una mujer (*mundio*) para llamarla bruja: una *striga* "quod est mascam",

---

3   *Edictum Rothari*. Sigo la edición de Beyerle, 1962.

"que es una *masca*".[4] En una entrada posterior del mismo código legal (367), se prohibía matar a una bruja "que ellos llaman *masca*", porque no son creíbles para las mentes cristianas: no es posible para una mujer devorar un hombre entero vivo, una reflexión posible de una creencia en el canibalismo de las *mascae*.[5]

Masca se encuentra entre estas palabras aisladas que reflejan, aparentemente, realidades vastas y ocultas, que mencionamos anteriormente. *Mascae*, para indicar brujas en un uso casi perdido, que sin embargo sobrevivió en el provenzal y aún hoy en algunos dialectos italianos del norte. El compilador del Edicto, en ambas ocasiones emparejó la palabra (¿lombarda?) *masca* que, aparentemente, era la más conocida para su audiencia con el latín *striga*. *Striga* viene de *strix*, que en latín indica pájaros nocturnos que emiten ruidos estridentes –un nombre que, por lo visto, hace eco del inglés moderno *screech* (chillido)– y que se cree que comían cadáveres.

Los fragmentos difundidos a lo largo de los siglos y regiones pueden ser coherentes con mitologías similares. En la Capitulación de Sajonia, como también en 829, en una capitular promulgada por el emperador, aparentemente encontramos una conexión siniestra entre brujas y canibalismo (Montesano, 2018: 92-93). En la mitad del siglo IX (852), Hincmar de Reims usó la palabra *talamascae* al condenar "una ruidosa demostración de alegría y risa vulgar" y aquellos que "consienten en los obscenos juegos del oso", "turpia ioca cum urso".[6] En estas ocasiones, la gente no debía llevar máscaras de demonio –*larvae daemonum*– que el latín vulgar llamaba *talamascae*: estas eran ilusiones de la noche.

Si *persona* era la palabra latina para máscara, en el teatro de la época de Agustín encontramos *larva*, que indicaba una espantosa máscara de teatro que también tiene implicaciones de canibalismo (Thaniel, 1973:

---

4   "De crimen nefandum. Si quis mundium de puella libera aut muliere habens eamque strigam, quod est mascam, clamaverit, excepto pater aut frater, ammittat mundium ipsius, ut supra, et illa potestatem habeat vult ad parentes, vult curtem regis cum rebus suis propriis se commendare, qui mundium eius in potestatem debeat habere. Et si vir ille negaverit, hoc crimen non dixissit, liceat eum se pureficare et mundium, sicut habuit, habere, si se pureficaverit". *Edictum Rothari*, 197.

5   "Nullus presumat aldiam alienam aut ancillam quasi strigam, quem dicunt mascam, occidere, quod christianis mentibus nullatenus credendum est nec possibilem, ut mulier hominem vivum intrinsecus possit comedere". *Edictum Rothari*, 367.

6   Hincmar de Reims, Capitulare I, c. 14. Sigo la edición de Pokorny y Stratmann, 1995. Véase, asimismo: Walter, 1991: 377-388.

187). *Larvae* eran vinculadas a los muertos y malditos. Isidoro de Sevilla escribió que:

> Los fantasmas (*larva*), dicen, son demonios hechos de la gente que era merecedora del mal. Se dice que su naturaleza es para asustar a niños pequeños y parlotear en corredores sombríos.[7]

A continuación, sigue la descripción de *lamiae*:

> Las brujas (*lamia*), de quien las historias registran que arrebatarían niños y los despedazarían, son nombradas particularmente por "despedazar" (*laniare*).[8]

El nombre *masca* también parece haber tenido implicaciones profundamente extrañas. Jacob Grimm sugirió que el término podía hacer referencia a "*mâcher, mascher*, oder *masticare*, und die Hexe heisst larve, maske, weil sie kinder verzehrt" ("*mâcher, mascher*, o *masticare*, y la bruja es llamada larve, maske, porque ella come niños") (Grimm, 1875-1878: 1036). Otros creyeron que el nombre se originaba de la máscara que era colocada en los rostros de los muertos (Montesano, 2018: 88). Las Etimologías prosperaron (Zironi, 2000: 109-142). Entre ellas, el historiador suizo y folklorista Karl Meuli propuso que el nombre venía del alemán *masche* que significa una malla (lazo, punto), que servía como el tejido que era colocado sobre el muerto (Meuli, 1975: 83). No sabemos de este uso entre los lombardos, pero Joachim Werner (y Otto von Hessen después de él) propusieron las cruces de oro –*Goldblattkreuze*– entre los hallazgos mejores conocidos atribuidos a los lombardos (atestiguados también entre los alamanni y bávaros) donde fueron, de hecho, cocidas a una tela para cubrir al que había fallecido recientemente (Von Hessen, 1975: 113-122).

A comienzos del siglo XIII, Gervase de Tilbury narraba cómo *masca* era el nombre vulgar para *lamia*. Las *lamiae* eran niñas-súcubo que devoraban –*nocturna imaginae*– ya conocidas para la literatura latina del Imperio romano.

---

7   "Larvas ex hominibus factos daemones aiunt, qui meriti mali fuerint. Quarum natura esse dicitur terrere parvulos et in angulis garrire tenebrosis". Isidoro de Sevilla, *Etymologiae*, VIII, 9, ci. Sigo la edición de Lindsay, 1911.

8   "Lamias, quas fabulae tradunt infantes corripere ac laniare solitas, a laniando specialiter dictas". Ibid. VIII, 9, cii.

Descubrimos un discurso sobre seres sobrenaturales, enmascarando su apariencia y vagabundeando en las noches, vinculado al robo de niños y al canibalismo. Que las *mascae* puedan ser vinculadas a estas procesiones de invierno parece confirmado por la descripción de Hincmar de la *talamasca*, donde el juego –*ludo*– del oso está registrado. Incluso la asociación con las *striges*, los pájaros de la noche, podría tener significado. Finalmente, los elementos aquí reunidos confirman la asociación universal entre las máscaras y los muertos (Ginzburg, 1995: 249). Lo que es sugestivo es que estas creencias, y rituales que no eran reliquias del pasado, sino que estaban vivos y se transformaban, ganando nuevos significados a través de los siglos. Para citar a Carlo Ginzburg, las viejas narraciones fueron narradas de nuevo, pero dejaron preciosas pistas del cambio. El paganismo reptaba en los márgenes de la cristiandad y fue también a través de la influencia cristiana que se transformó, en este caso, creciendo y tornándose más oscuro.

Cadáveres

En su fascinante y controversial libro sobre la Europa bárbara, el difunto Karol Modzelewski comenzaba sus extensas y doctas reflexiones de la cultura similar vastamente expandida al este del "Rin, norte de los Alpes y más allá del Danubio", notando sorprendentes similitudes en la narración de un tormento bárbaro que se extendía a través del primer milenio entero (Modzelwski, 2015: 23-24). Tácito notablemente comentaba cómo entre los germanos algunos crímenes eran castigados con la muerte. Era la asamblea la que sancionaba el castigo capital. De acuerdo al historiador romano, las pobres almas eran ahogadas en un pantano (*Ger.* 12):

> A los traidores y desertores los cuelgan de árboles, pero a los cobardes y pacíficos y a aquellos que deshonran sus cuerpos, ellos los sumergen en el lodo de la ciénaga, con una reja de mimbre tirada encima.[9]

Casi exactamente mil años más tarde, Adam de Bremen escribió una historia similar. En 1030, el misionero inglés Wolfred fue a los suecos (II, 62):

---

9   "ignavos et imbelles et corpore infames caeno ac palude, iniecta insuper crate, mergunt".
     Tácito, *Germania*, 12. Las referencias pertenecen a la edición de Peterson, 1914.

    Fernando Ruchesi (ed.)

Y por su predicación él convirtió a muchos a la fe cristiana, y procedió a anatematizar al ídolo tribal llamado Thor, que se encontraba en el Thing de los paganos, y al mismo tiempo, él tomó un hacha de batalla y rompió la imagen en pedazos.[10]

Espero no *espoilear* nada al decirles que fue una idea extremadamente mala. Los suecos lo atacaron, perforándolo con sus armas. Luego: "Su cuerpo fue destrozado por los bárbaros y, luego de ser sujeto a muchas burlas, fue sumergido en un pantano".[11]

Karol Modzelewski señaló la independencia de los dos pasajes, sosteniendo que Adam no conocía el trabajo de Tácito. Esto es probablemente incorrecto. Hasta su primera edición en el siglo XV, la *Germania* de Tácito era una narrativa bastante desconocida, pero podemos seguir la recepción del texto a través de tres autores medievales: Einardo, Rudolf de Fulda y, de hecho, Adam de Bremen. Sin embargo, el autor fue capaz de encontrar un testimonio mucho más amplio de esta práctica perturbadora. El más notable es, probablemente, el del final de las *Sumas de los hombres sabios*, un texto escrito cuando el derecho consuetudinario de los frisios estaba siendo codificado alrededor del 802:

> Si alguien fuerza su entrada en un templo y roba objetos sagrados de allí, él será llevado al mar, y sobre la arena, que será cubierta por la marea, sus orejas serán escindidas, y el será castrado y sacrificado al dios, cuyo templo él deshonró.[12]

El pasaje es fascinante y perturbador. Podemos preguntarnos cómo es coherente con las narrativas de Tácito y de Adam: En la ley de los frisios, el castigo es infligido en la costa en lugar de en un páramo. ¿Es este un reflejo de una mitología diferente o de la misma? Claude Lévi Strauss fue tan lejos al negar que las variaciones entre diferentes versiones de un mito puedan tener alguna relevancia (Lévi-Strauss, 1955: 435). Es, sin embargo, una interpretación muy controversial.

---

10 “ydolum gentis nomine Thor stans in concilio paganorum cepit anathematisare simulque arrepta bipenni simulacrum in frusta concidit”. Adam de Bremen, *Gesta Hammaburgensis ecclesiae Pontificum* II, 62. Las referencias pertenecen a la edición de Schmeidler, 1917.

11 “corpus eius barbari laniatum post multa ludibria merserunt in paludem”. Adam de Bremen, *Gesta Hammaburgensis ecclesiae Pontificum* II, 62.

12 “Qui fanum effregerit et ibi aliquid de sacris tulerit, ducitur ad mare, et in sabulo, quod accessus maris operire solet, finduntur aures eius, et castratur et immolatur diis, quorum templa violavit”. *Lex Frisonum* add. sap. XI. La referencia pertenece a la edición de Eckhardt y Eckhardt, 1982.

Nos quedamos con más problemas. Por qué se puso por escrito en el Imperio carolingio es un tema de opinión. Sin embargo, encontramos una mención rara de dioses en lugar de demonios, lo que nos hace sospechar que mucho de su sabor original pagano ha sido preservado en el contexto cristiano del reino de Carlomagno. La evidencia para los asesinatos rituales de este tipo –por ahogamiento en barro– es tan dispersa y consistente que cuestiona el hecho de que éstas fuesen citas simples de autores más antiguos. Las famosas glosas de Bern a Lucano, que datan del siglo IX, pueden reforzar esta interpretación (Graf, 1991: 136-143). En una de ella, leemos:

> Mercurio es llamado Teutates en la lengua gálica y es adorado por ellos con sangre humana. Teutates Mercurio es apaciguado por los galos de esta manera: un hombre es colocado boca abajo en un *semicupium* completo [medio barril], así él puede ser ahogado.[13]

El comentario hacía referencia a la Guerra civil del primer siglo a.C. pero el contexto era claramente carolingio. ¿Podría haber reflejado el paganismo medieval?

Incluso más sugerente es el hecho de que podemos encontrar argumentos en piedra, o incluso en carne, para apoyar la idea de prácticas reales más allá de las narrativas de Tácito y Adam. Me refiero a los hallazgos de cuerpos en los pantanos de Europa del norte, desde Irlanda a Alemania. Sabemos que, en condiciones anaeróbicas dadas, los cuerpos pueden ser preservados por siglos, ofreciendo un testigo dramático e increíblemente rico de las condiciones de sus muertes. Muchos de estos cadáveres han sido estudiados con gran consideración y son conocidos en los debates académicos como *momias del pantano*. Las momias del pantano han sido aparentemente sacrificadas, asesinadas ritualmente, y dejadas en sitios peculiares. Académicos destacados como P. V. Glob y, más recientemente, Miranda Aldhouse-Green, dedicaron libros maravillosos y sin embargo desconcertantes sobre el tema.[14] La profesora Aldhouse-Green vinculó, de modo sugestivo, el sacrificio humano y los restos de pantano como pertenecientes a los druidas. Hay algunos problemas con esta interpretación: los druidas fueron considerados tanto una suerte de filósofos de la naturaleza, como practicantes de rituales

---

13   "Teutates Mercurius sic apud Gallos placatur: in plenum semicupium homo in caput demittitur, ut ibi suffocetur". La referencia pertenece a la edición de Graf, 1991.

14   Véase: Glob, 1969 y Aldhouse-Green, 2015.

                                    Fernando Ruchesi (ed.)

crueles y sangrientos. La información contradictoria surge de las mismas fuentes en las que nos apoyamos para adquirir algo de conocimiento sobre estos sacerdotes antiguos. Estos pueden ser moldeados en diferentes temporadas de la política exterior de Roma. Algunos académicos, como Ronald Hutton, se oponen enérgicamente a la idea: siendo el paganismo actual, particularmente el Wiccan, una fe que une a millones de creyentes alrededor del mundo, una acusación para los druidas del pasado parece culpar a los creyentes modernos, haciendo eco de la condenación cristiana de antaño.[15] Podemos estar de acuerdo en que el asesinato ritual no es necesariamente un sacrificio humano, que es solo una entre muchas interpretaciones.

Sin embargo, las momias del pantano pueden ser halladas en regiones y cronologías más amplias que aquellas vinculadas tradicionalmente a la actividad de los druidas. Ellas parecen tener un eco, de forma detenida, en la evidencia material de las fuentes narrativas. Dichas narrativas insisten en la naturaleza sacrílega de los crímenes que desencadenaron las ejecuciones. El análisis meticuloso de las momias del pantano reveló los modos intrincados y crueles aplicados a dañarlas y, finalmente, matarlas. El estatus marginal de las víctimas está caracterizado por anomalías corporales y las extendidas humillaciones que precedían a la muerte.

Ciénagas, pantanos y humedales fueron vistos como el reino de los dioses del inframundo, espíritus de los muertos y de la vegetación. Entre tierra firme y agua, en un lugar que no podía ser cultivado ni navegado, los pantanos son el lugar liminal donde las fronteras entre este y el otro mundo se confundían. El sitio perfecto para asesinatos rituales quizás era al atardecer, cuando la noche comenzaba a conquistar el día. Colocar un cuerpo en un pantano era una manera de preservar, de alguna manera, derrotando el curso natural de la muerte. Las implicaciones rituales eran claras.

---

15   "The cumulative evidence thus assembled appeared to justify the action of the British Museum in putting the body on display, as one of its best-known exhibits, with a label declaring that the evidence 'strongly suggests' that it had been subjected to 'ritual sacrifice'. As such, it rapidly took its place in works on the British and European Iron Age, as the near-solid proof that had been needed that the ancient authors who had accused the British and their neighbours of engaging in this practice had been telling the truth. It also found its way into popular culture as a cathartic force for religious intolerance: fundamentalist Christians and irresponsible journalists alike used it as a means to denounce ancient Druids, and then turn on their modern counterparts for attempting to revive a religion tainted by atrocity" (Hutton, 2013: 205).

Las momias del pantano hicieron un gran impacto en la audiencia moderna al momento de su descubrimiento. Seamus Heaney fue inspirado a escribir su colección *North*; J.R.R. Tolkien tomó inspiración para darle forma a la Ciénaga de los muertos, una locación ficcional en *El Señor de los Anillos*. Fue allí que Frodo vio los cuerpos sumergidos de los guerreros del pasado:

> They lie in all the pools, pale faces, deep deep under the dark water. I saw them: grim faces and evil, and noble faces and sad. Many faces proud and fair, and weeds in their silver hair. But all foul, all rotting, all dead. A fell light is in them.[16]

Lo más importante, las momias del pantano con su agonía y tragedia muestran cómo, algunas veces, las historias recurrentes reflejaban costumbres y creencias reales. Lo que podríamos haber descartado precipitadamente como una cita vacía fue encontrado bajo las aguas oscuras de las ciénagas de Europa del norte.

* * *

En estas pocas páginas, traté de discutir algunos temas vinculados al estudio del paganismo de la Temprana Edad Media. Como a menudo ha sido notado, cuentos de *The Pagan Middle Ages*, como fue titulado un volumen importante sobre la temática, son de carácter conservador, evocando narrativas previas, episodios del Viejo o Nuevo Testamento o, incluso, autores romanos laicos (Milis, 1997). A menudo, esto llevó a ofrecer conclusiones puramente negativas, reconociendo nuestra incapacidad para ir más allá de las fuentes. Sin embargo, espero haber mostrado un modo de proceder, una llamada para apartarnos de interpretaciones generales de nuestra evidencia en favor de un intenso pragmatismo cuando se trata de lo pagano. Cada historia, autor, o costumbre; cada dios, monstruo o ritual debería ser observado bajo sus propios términos, centrándonos en los detalles en lugar de la imagen general.

Tales historias, como las que se refieren a máscaras y cuerpos bajo el agua, se vuelven, en las manos del historiador, la cosa más preciosa. Son pequeñas baldosas resplandecientes y espléndidas de un mosaico complejo y oscuro que gana intensidad en algunos puntos, mientras

---

16   Véase: Tolkien, 1954 y Tolkien, 1955.

que deja a otros completamente vacíos. Un mosaico que muestra una palabra hace mucho tiempo olvidada, que sobrevive en el producto de pesadillas que aún persiguen a las mentes humanas.

Bibliografía

Fuentes

BEYERLE, F. (ed.) (1962), *Edictum Rothari. Das Gesetz der Langobarden*. Göttingen: Witzenhausen.

ECKHARDT, A. K. y ECKHARDT, A. (eds.) (1982), *Lex Frisonum add. sap. XI*, MGH, Fontes iuris, 12. Hannover: Hahn, 1982.

LINDSAY, W. M. (ed.) (1911), *Isidore of Seville. Etymologiae*. Oxford: Claredon.

PETERSON, W. (ed. y trad.) (1914), *Tacitus. Dialogus, Agricola, Germania*. Londres: William Heinemann.

POKORNY, R. y STRATMANN, M. (eds.) (1995). *Hincmar von Reims. Capitulare*, MGH, Capit. episc. 2. Hanover: Hahn.

SCHMEIDLER, B. (ed.) (1917), *Adam de Bremen. Gesta Hammaburgensis ecclesiae Pontificum*, MGH, SRG 2. Hannover y Leipzig: Hahn.

WAITZ, G. (ed.) (1878), *Vita Barbati*, MGH, SRL. Hannover: Hahn.

Bibliografía específica

ALDHOUSE-GREEN, M. (2015), *Bog Bodies Uncovered: Solving Europe's Ancient Mystery*, forw. by V. McDermid, Londres: Thames & Hudson.

ARBESMANN, R. (1979), "The 'cervuli' and 'anniculae' in Cesarius of Arles", *Traditio* 35, pp. 89–119.

BARTLETT, R. (2007), "From Paganism to Christianity in Medieval Europe", en Berend, N. (ed.) *Christianization and the Rise of Christian Monarchy: Scandinavia, Central Europe and Rus' c. 900–1200*, Cambridge: Cambridge University Press, pp. 47-72.

CAMERON, A. (2011), *The Last Pagans of Rome*, Oxford: Oxford University Press.

CHIESA, P. (1999), "Così si costruisse un mostro. Giovanni XII nella cosiddetta Historia Ottonis di Liutprando di Cremona", *Faventia* 21, pp. 85-102.

FILOTAS, B. (2005), *Pagan Survivals, Superstitions, Popular Cultures*, Toronto: Pontifical Institute of Mediaeval Studies.

FLETCHER, R. (1998), *The Barbarian Conversion: From Paganism to Christianity*, Los Angeles: University of California Press, p. 4.

GINZBURG, C. (1995), *Storia notturna. Una decifrazione del sabba*, 2nd edn, Torino: Einaudi.

GLOB, P.V. (1969), *The Bog People: Iron-Age Man Preserved*, tr. by R. Bruce-Mitford, Londres: Faber and Faber;

GRAF, F. (1991), "Menschenopfer in der Burgerbibliothek: Anmerkungen zum Götterkatalog der 'Commenta Bernensla' zu Lucan 1,445", *Archäologie der Schweiz = Archéologie suisse = Archeologia svizzera* 14, pp. 136–43.

GRAZ, F. (2015), *Roman Festivals in the Greek East: From the Early Empire to the Middle Byzantine Era*, Cambridge: Cambridge University Press.

GRIGG, L. (2016), "Interpreting the Kalends of January: A Case Study for Late Antique Popular Culture?", en Grigg, L. (ed.), *Popular Culture in the Ancient World*, Cambridge, Cambridge University Press, pp 237–56.

GRIMM, J., (1875–78), *Deutsche Mythologie*, 4th edn, ed. by E.H. Meyer, Berlín: F. Dümmler.

HÄGG, I. (1984), "Die Textilfunde aus dem Hafen von Haithabu, Berichte über die Ausgrabungen in Haithabu", *Offa* 20, pp. 69–72.

HARMENING, D. (1979), *Superstitio: Überlieferungs- und theoriegeschichtliche Untersuchungen zur kirchlich-theologischen Aberglaubensliteratur des Mittelalters*, Berlín: Erich Schmidt.

HOLLEMAN, A.W.J. (1974), *Pope Gelasius I and the Lupercalia*, Amsterdam: Adolf m Hakkert.

HUTTON, R. (2013), *Pagan Britain*, Nueva York: Yale University Press.

LÉVI-STRAUSS, C. (1955), "The Structural Study of Myth", *Journal of American Folklore* 68, pp. 428–44.

MELLER, H. (2010), "Die Maske – Eine Einführung in das Thema", en Meller, H, Marszek, R. (ed.), *Masken der Vorzeit in Europa (I)*, Tagungen des Landesmuseums für Vorgeschichte Halle (Saale), Halle: Landmuseum für Vorgeschichte, pp. 9–21.

MEULI, K. (1975), "Die deutschen Masken [1933]", en Meuli, K., *Gesammelte Schriften*, ed. by T. Gelzer, 2 vols, Stuttgart: Schwabe, I, pp. 69–162.

MILIS, L.J.R. (ed. 1997), *The Pagan Middle Ages*, Woodbridge: The Boydell Press.

MODZELWSKI, K. (2015), *Barbarian Europe*, tr. by E. Macura, Nueva York: Peter Lang.

MONTESANO, M. (2018), *Classical Culture and Witchcraft in Medieval and Renaissance Italy. Palgrave Historical Studies in Witchcraft and Magic*, Londres: Palgrave Macmillian.

NORTH, J. (1992), "The Development of Religious Pluralism", en North, J., Lieu, J., Rajak, T. (eds.) (1992), *The Jews among Pagans and Christians in the Roman Empire*, Londres,: Routledge, pp. 174-193.

PALMER, J.T. (2007), "Defining Paganism in the Carolingian World", *Early Medieval Europe* 15, pp. 402–25.

SCHMITT, J.-C. (1986), "Les masques, le diable, les morts dans l'Occident médiéval", *Razo* 6, pp. 87–119.

SCHMITT, J.-C. (1976), "Religion populaire et culture folklorique", *Annales. ESC* 31, pp. 941–53.

SCHMIDT, L. (1972), *Perchtenmasken in Österreich*, Viena: Böhlau.

Thaniel, G. (1973), "Lemures and Larvae", *American Journal of Philology* 94, pp. 182–87.

Tolkien, J. R. R. (1954–55), *The Lord of the Rings*, Londres: George Allen & Unwin, Ltd.

Tolkien, J. R. R. (1955), "The Passage of the Marshes", en Tolkien, J. R. R., *The Two Towers* Londres: Geroge Allen & Unwin Ltd.

Von Hessen, O. (1975), "Langobardische Goldblattkreuze aus Italien", en Hübener, W. (ed.), *Die Goldblattkreuze des frühen Mittelalters*, Veröffentlichungen des Alemannischen Institutes Freiburg i.Br. 37 Baden: Bühl, pp. 113–22.

Walter, P. (1991), "Der Bär und der Erzbischof: Masken und Mummenschanz bei Hinkmar von Reims und Adalbero von Laon", en D. Altenburg, J. Jarnut and H.-H. Steinhoff (eds.), *Feste und Feiern im Mittelalter*, Sigmaringen: Jan Thorbecke, pp. 377–88.

Waszink, J.H. (1947), "Pompa diaboli", *Vigiliae Christianae* 1, pp. 13–41.

Zironi, A. (2000), "Masca e talamasca nelle fonti germaniche antiche", en Zironi, A., R. Brusegan, R. y M. Lecco (eds.), *Masca, maschera, masque, mask: testi e iconografia nelle culture medievali* (= *L'immagine riflessa* 9), pp. 109–142.

www.ingramcontent.com/pod-product-compliance
Lightning Source LLC
LaVergne TN
LVHW051540170726
843492LV00006B/1859